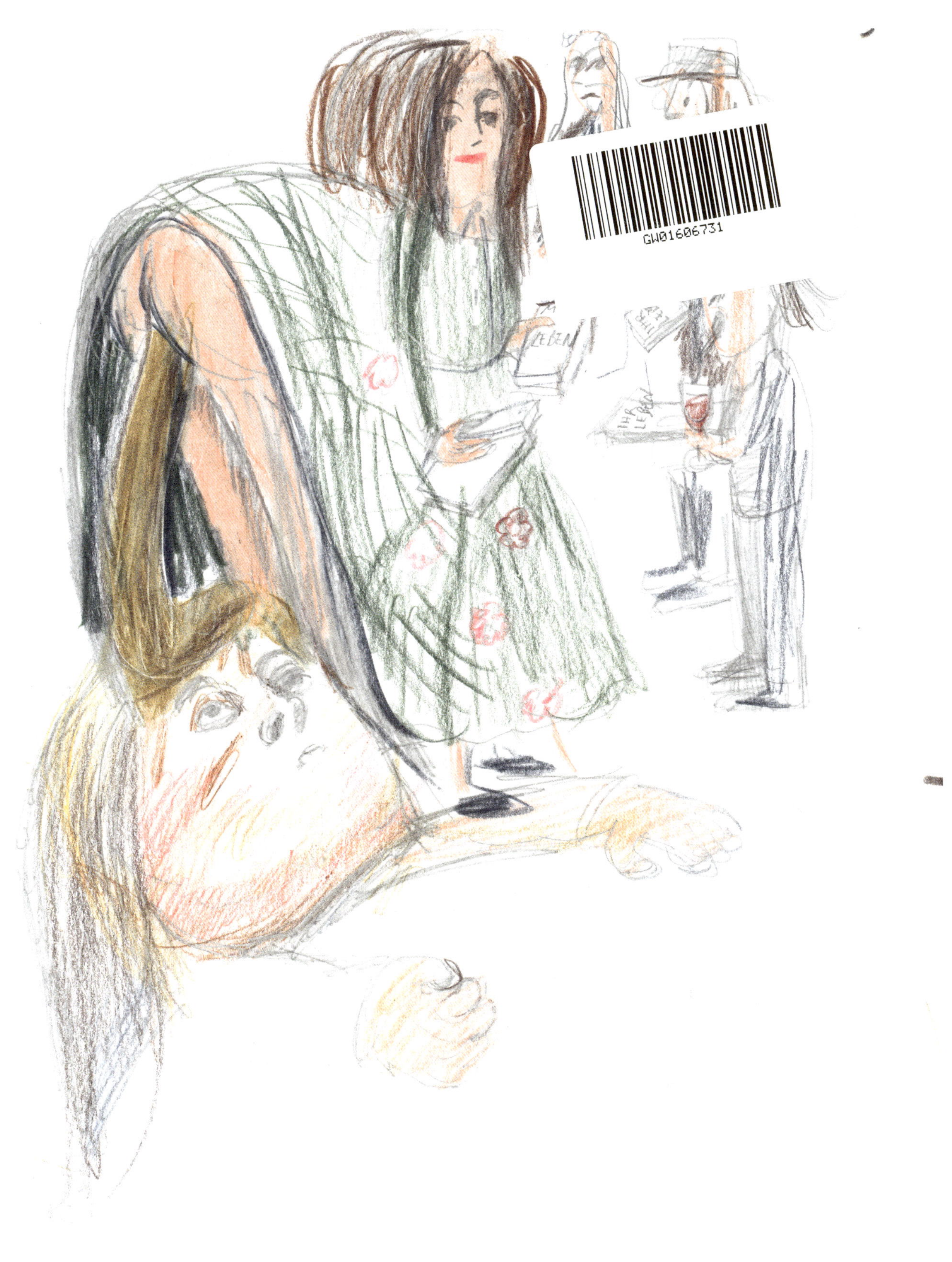
LEBEN
IHR LEBEN

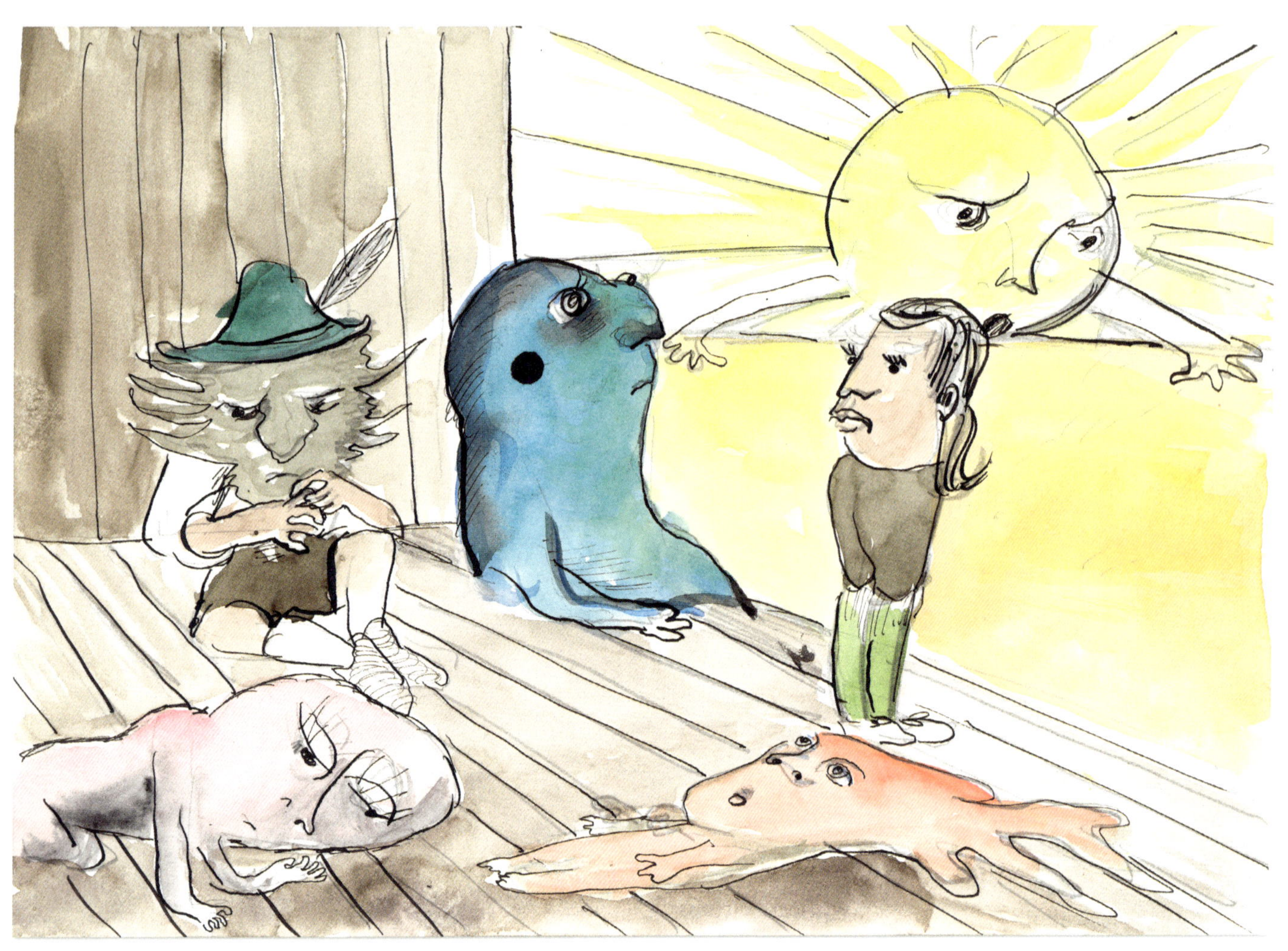

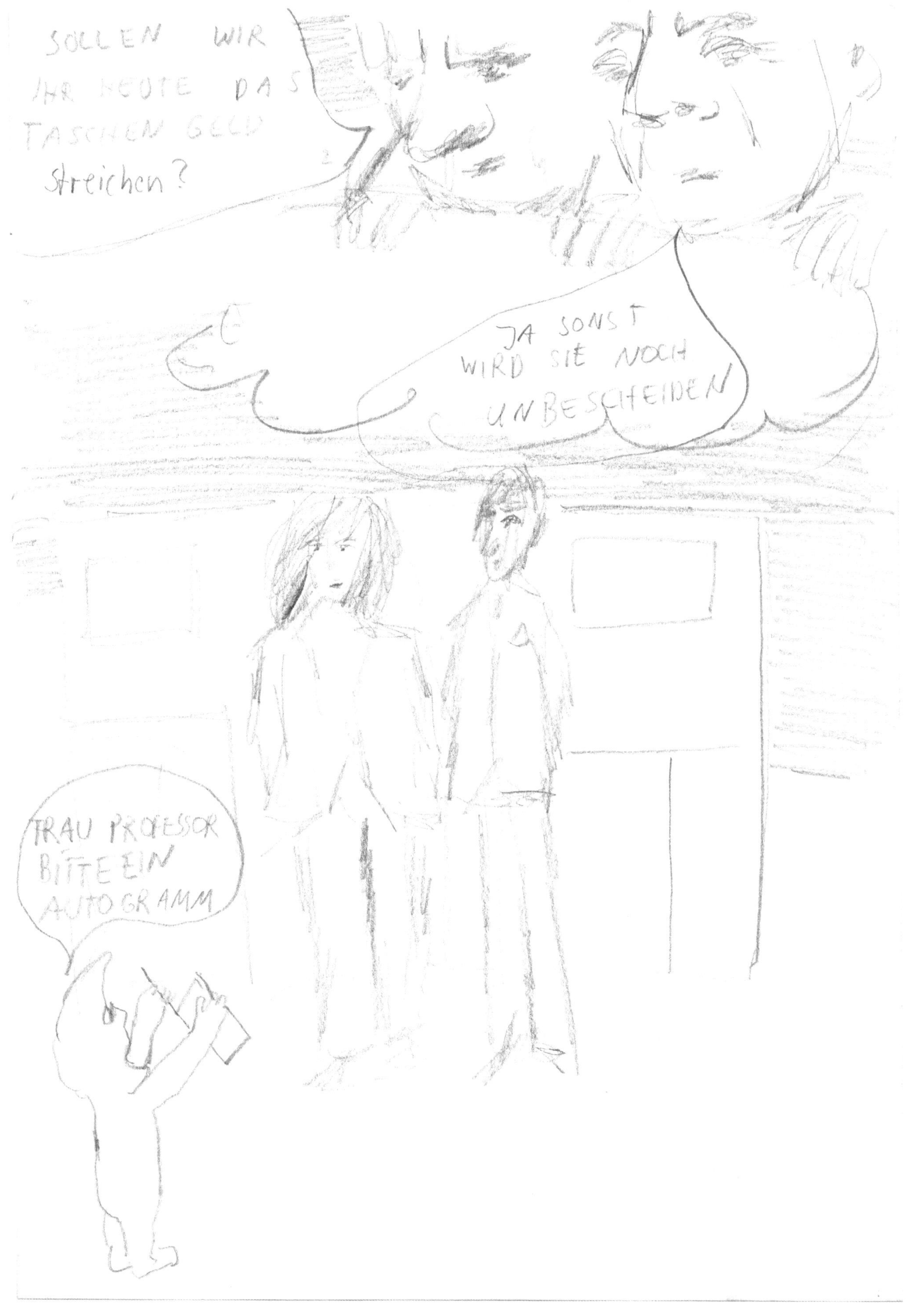
SOLLEN WIR IHR HEUTE DAS TASCHEN GELD streichen?
JA SONST WIRD SIE NOCH UNBESCHEIDEN
FRAU PROFESSOR BITTE EIN AUTOGRAMM

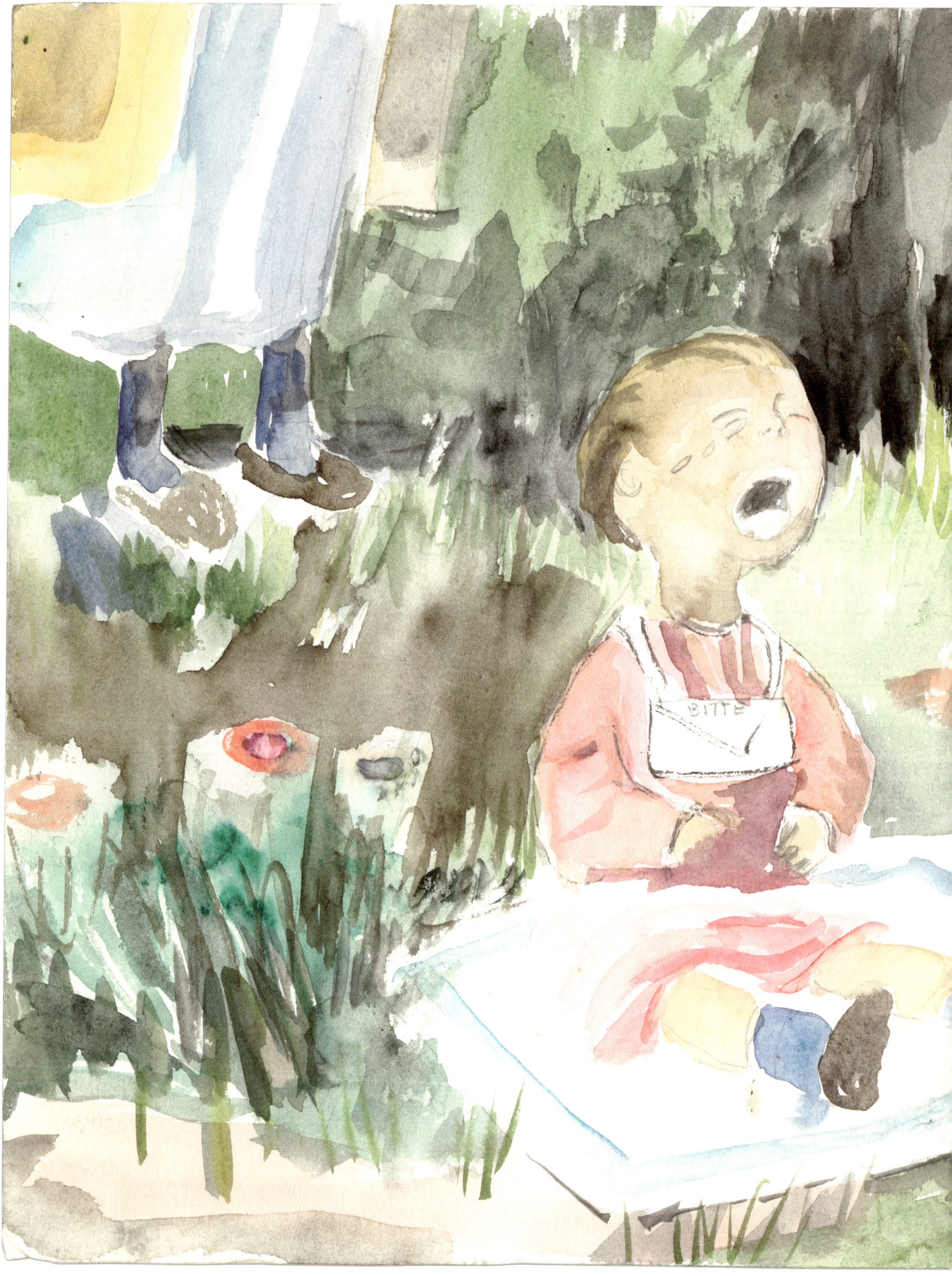
BITTE

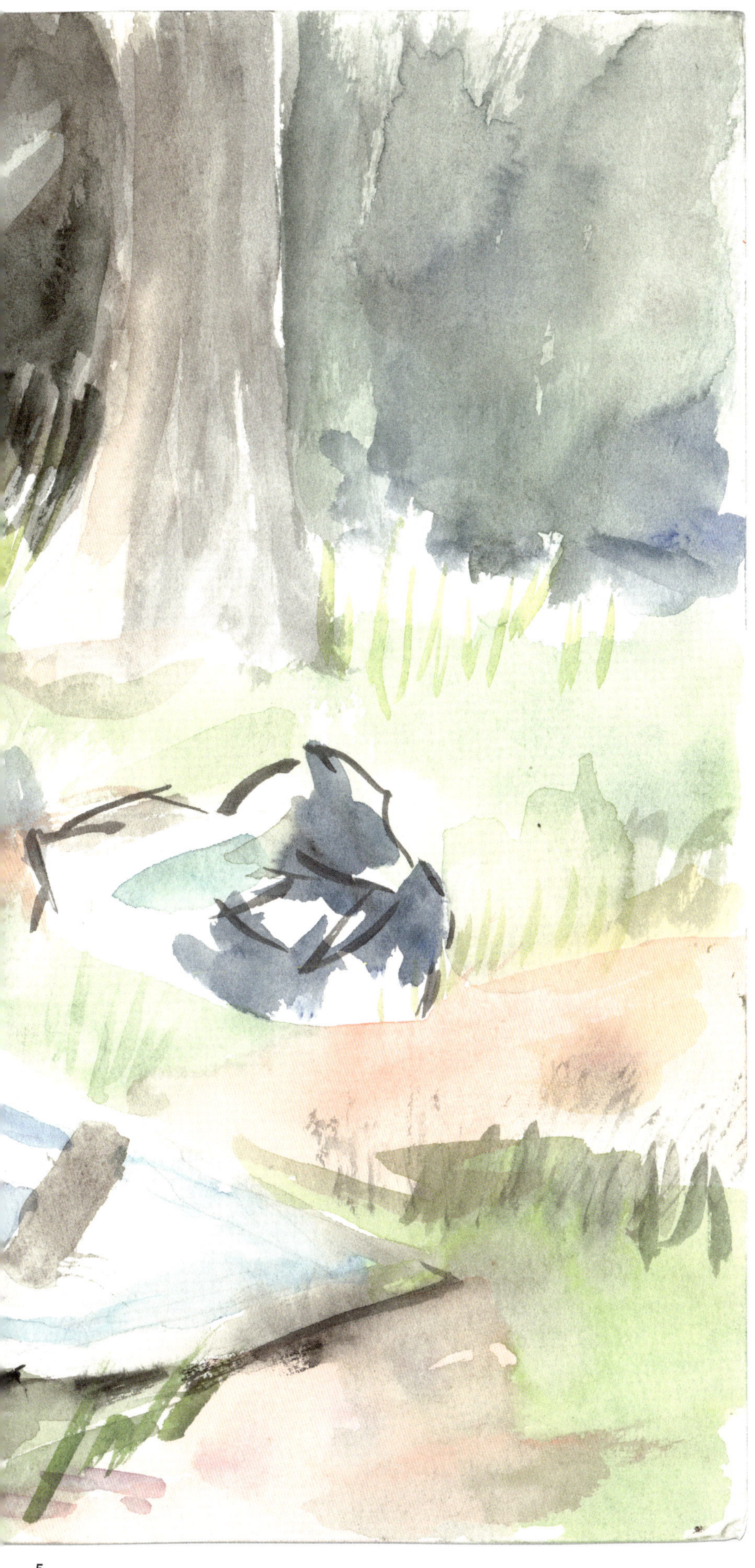

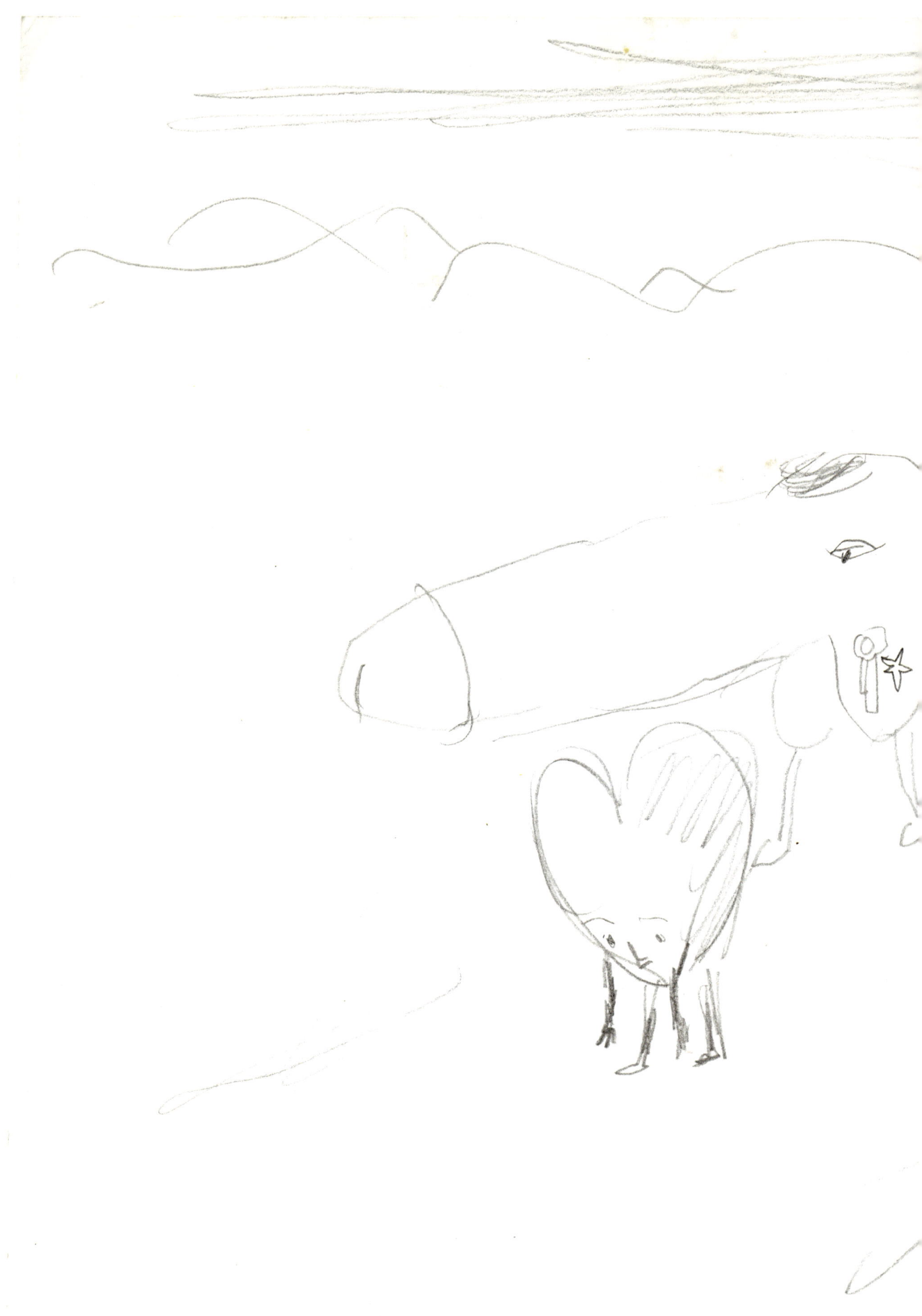

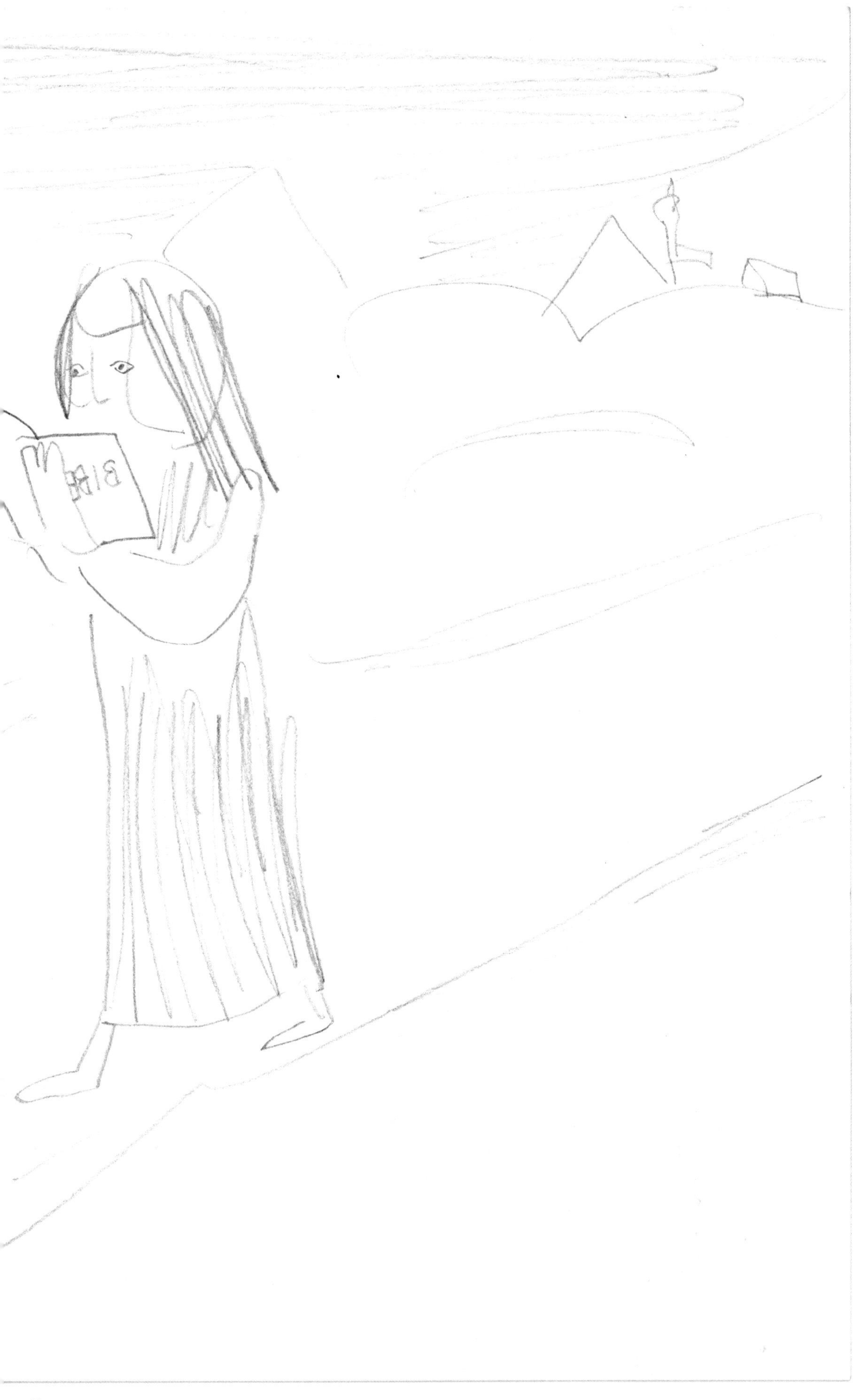

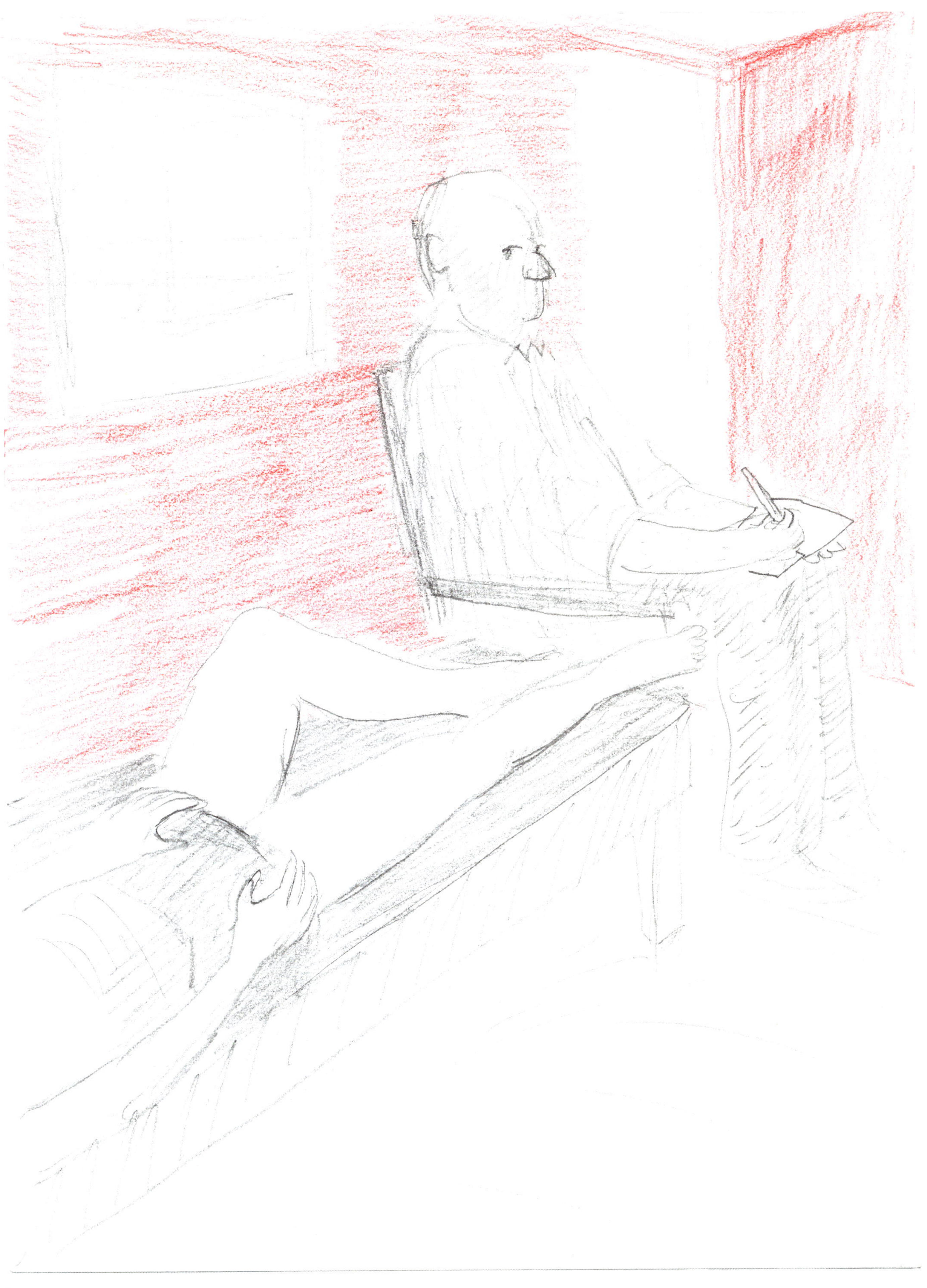

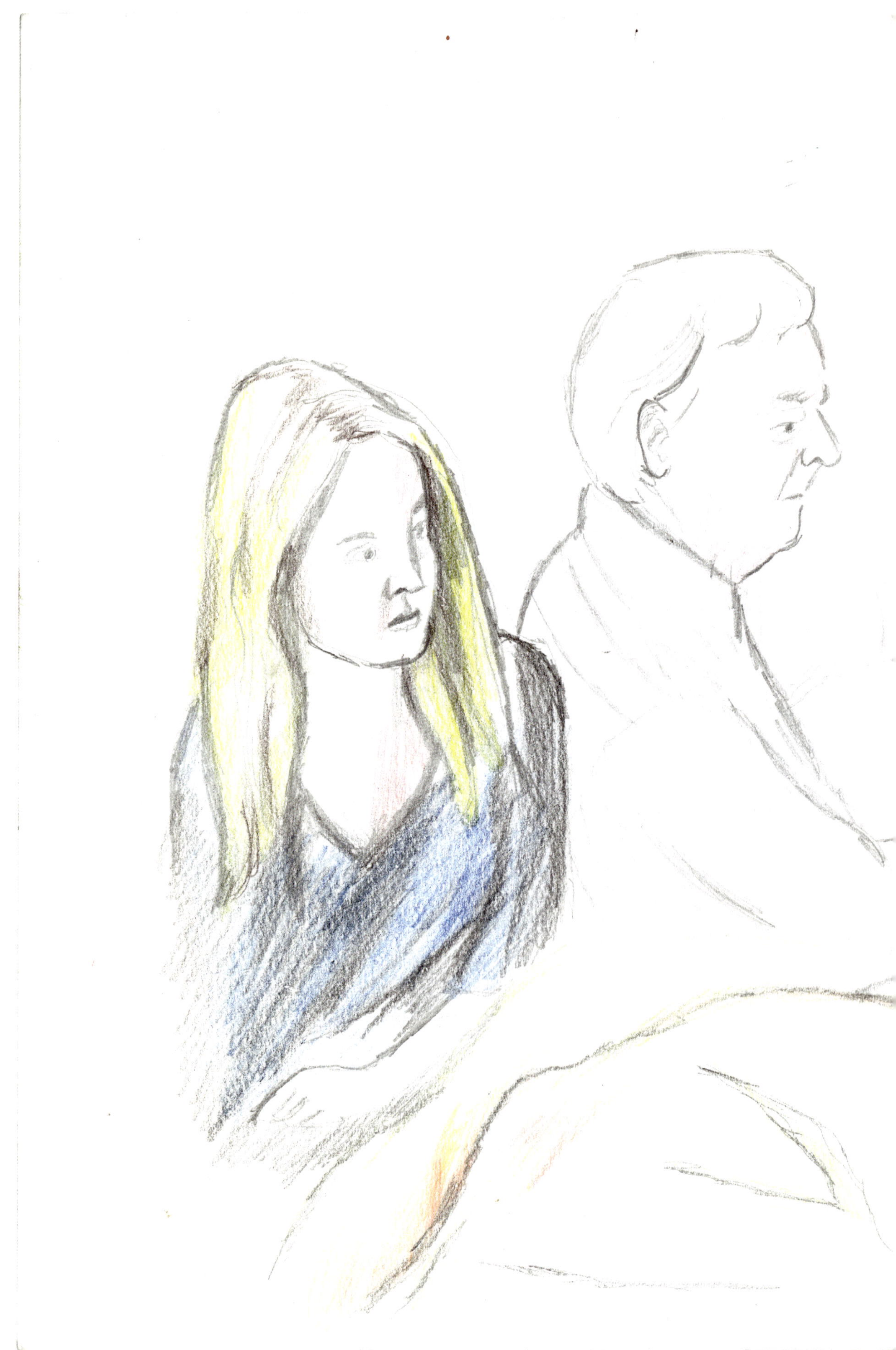

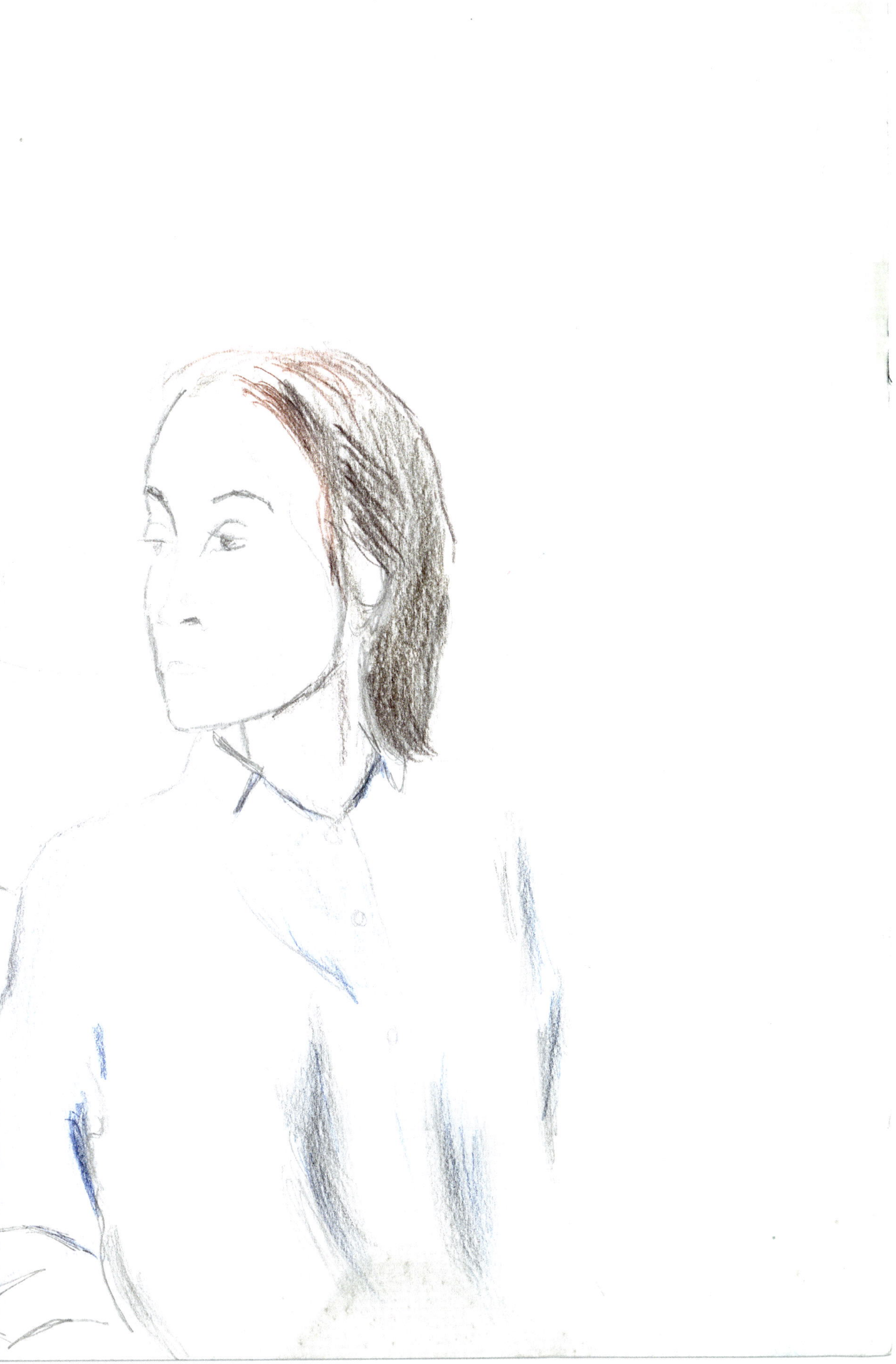

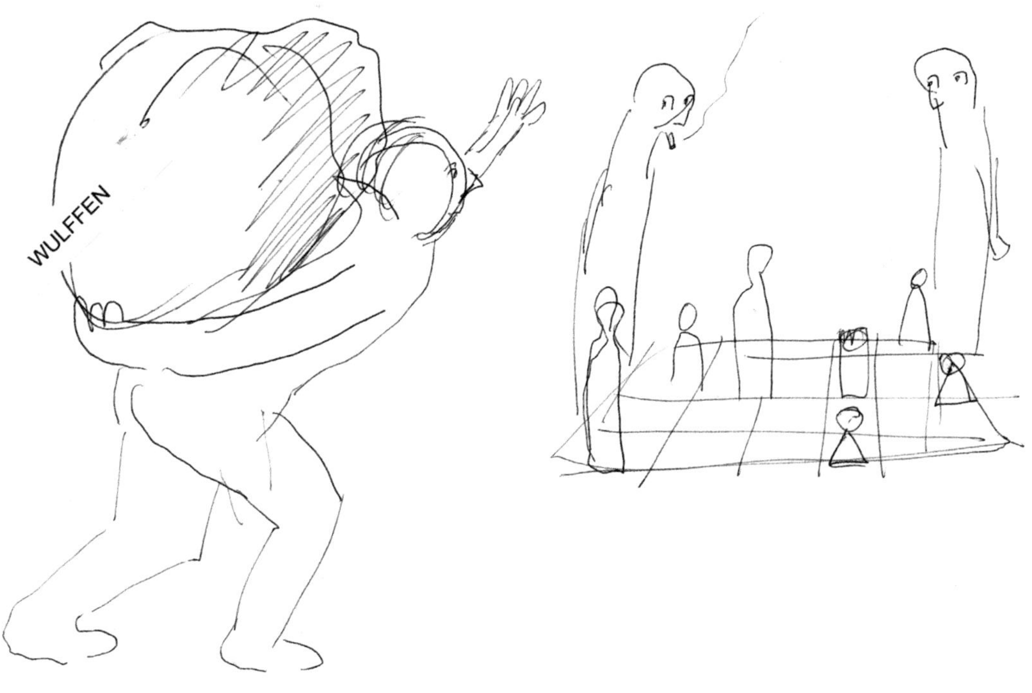
WULFFEN

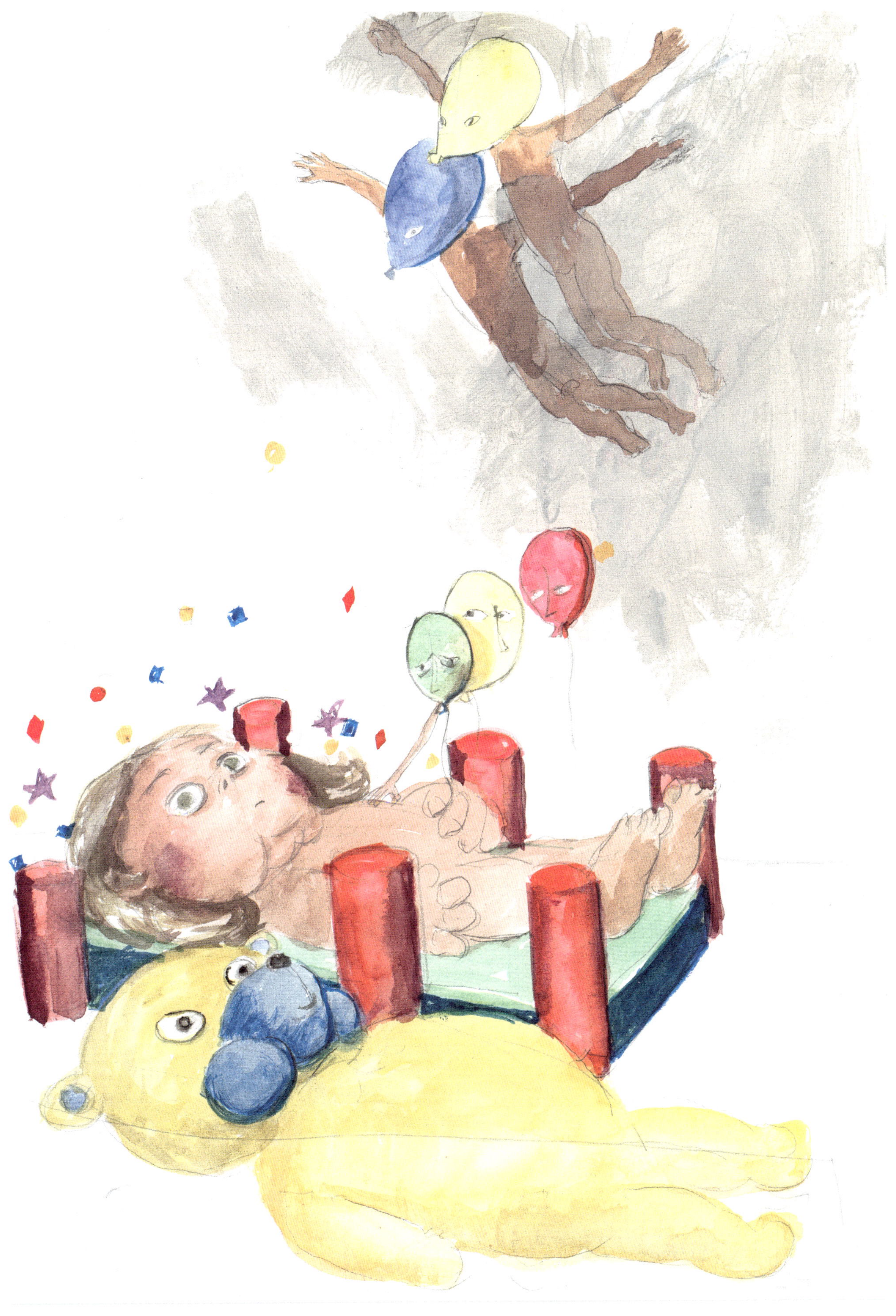

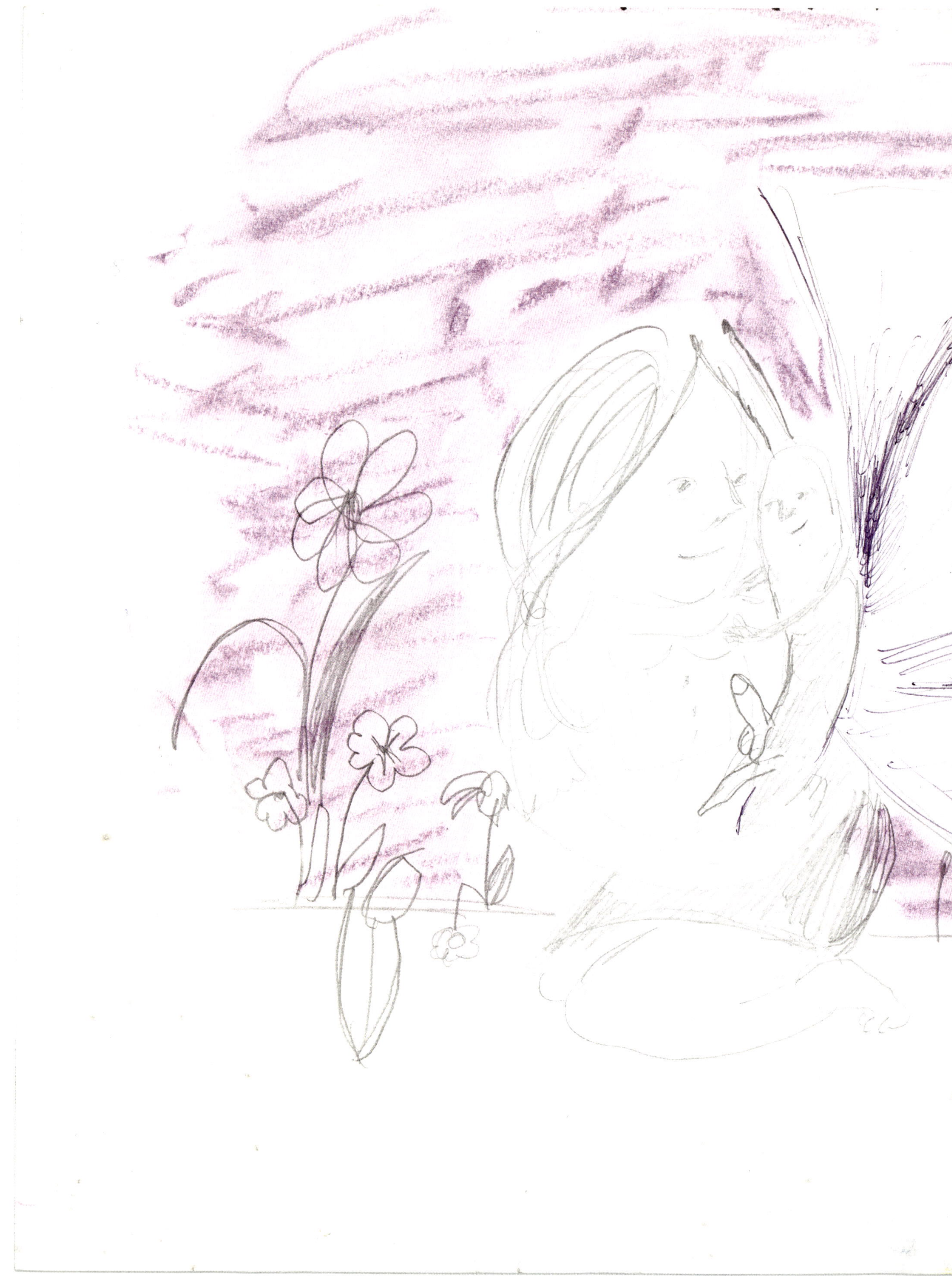

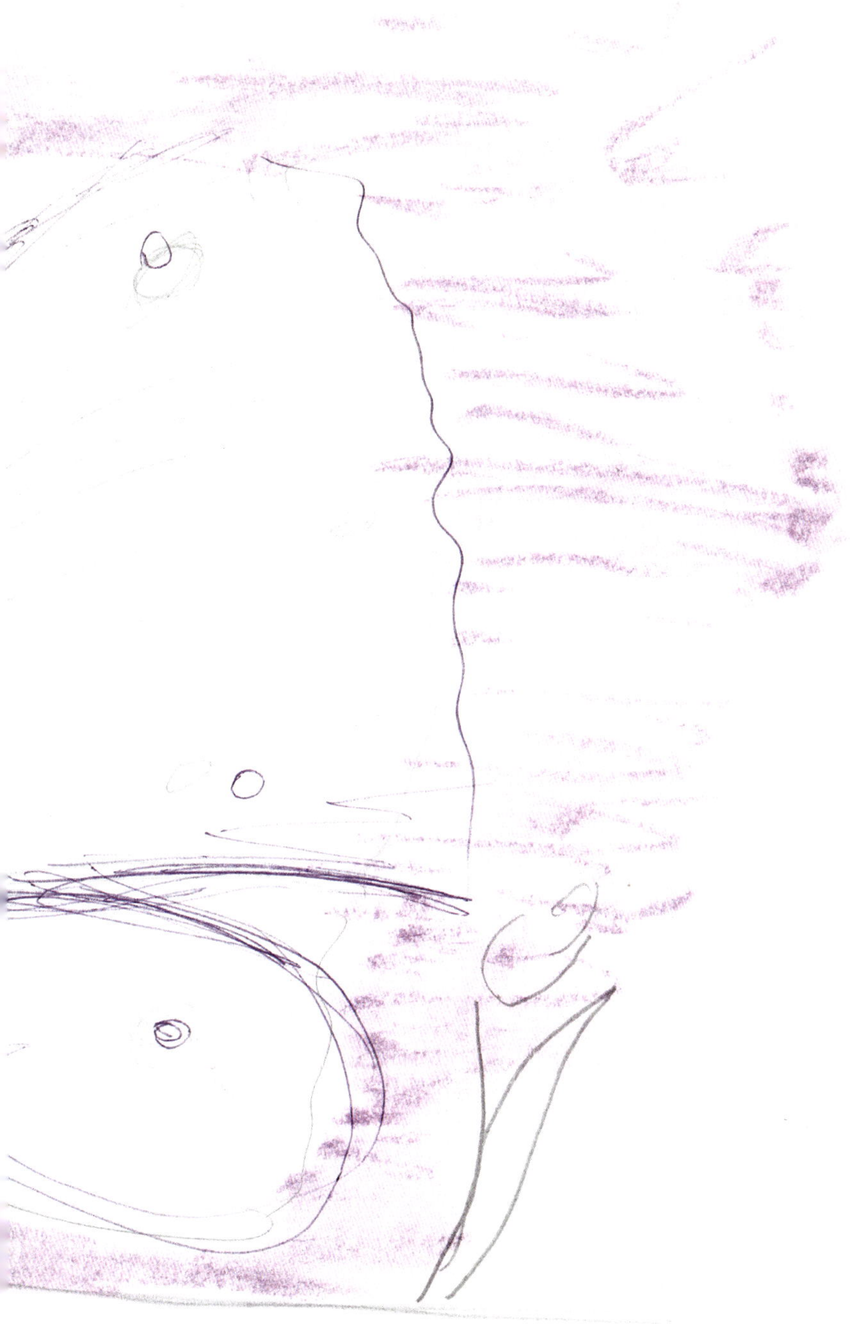

WEM GOTT WILL
RECHTE GUNST
ERWEISEN, DEN
SCHICKT ER IN DIE
WEITE WELT

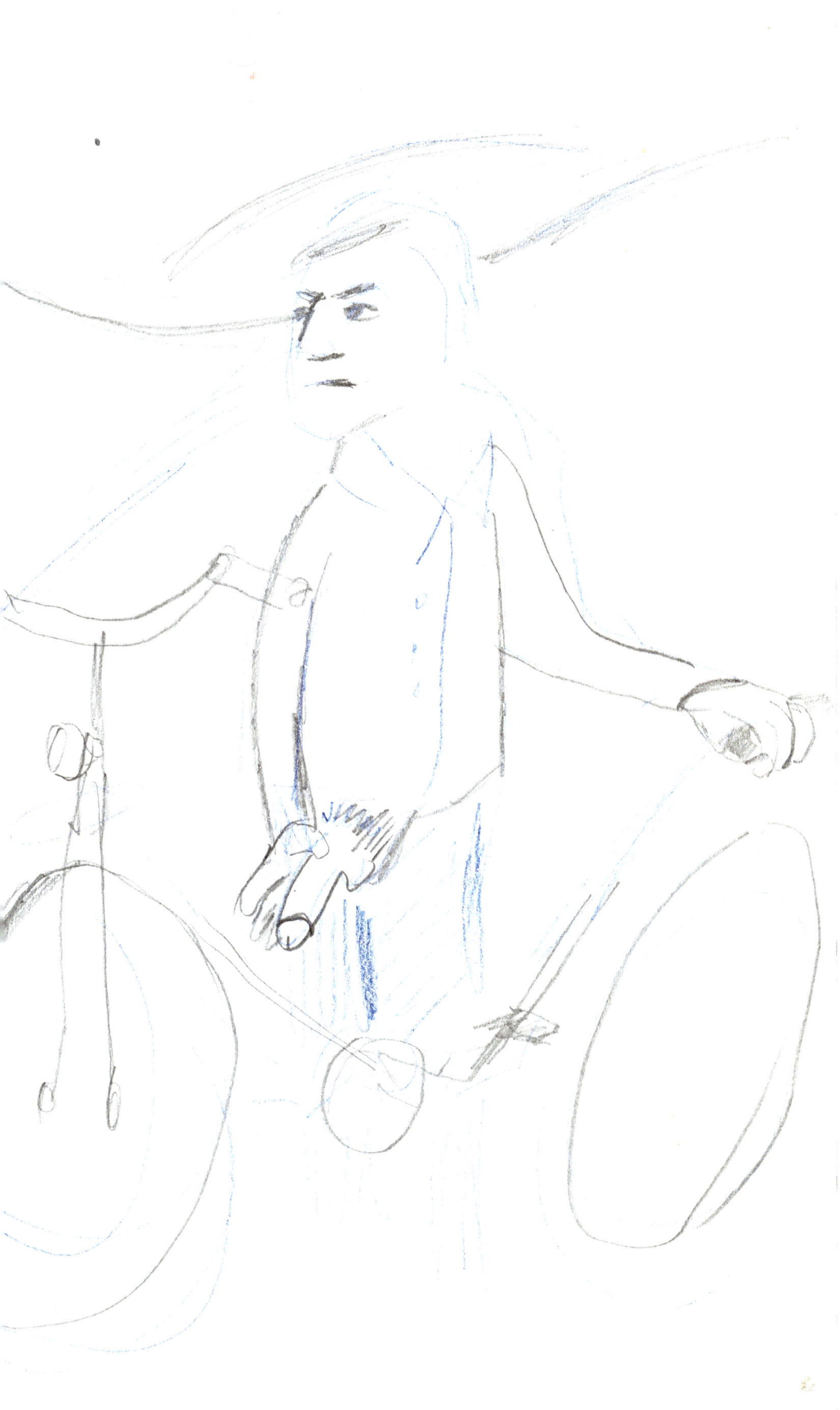

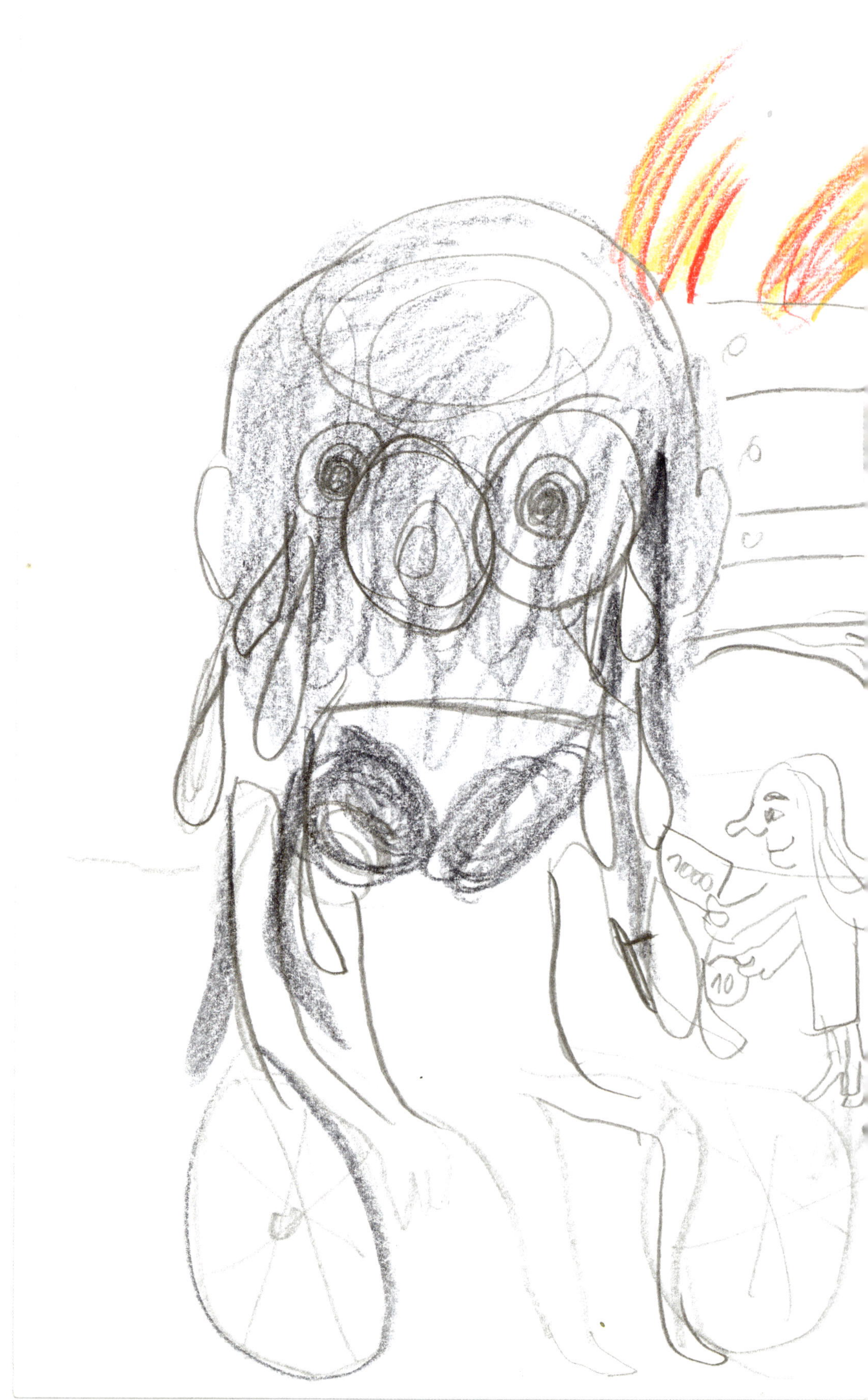
1000
10

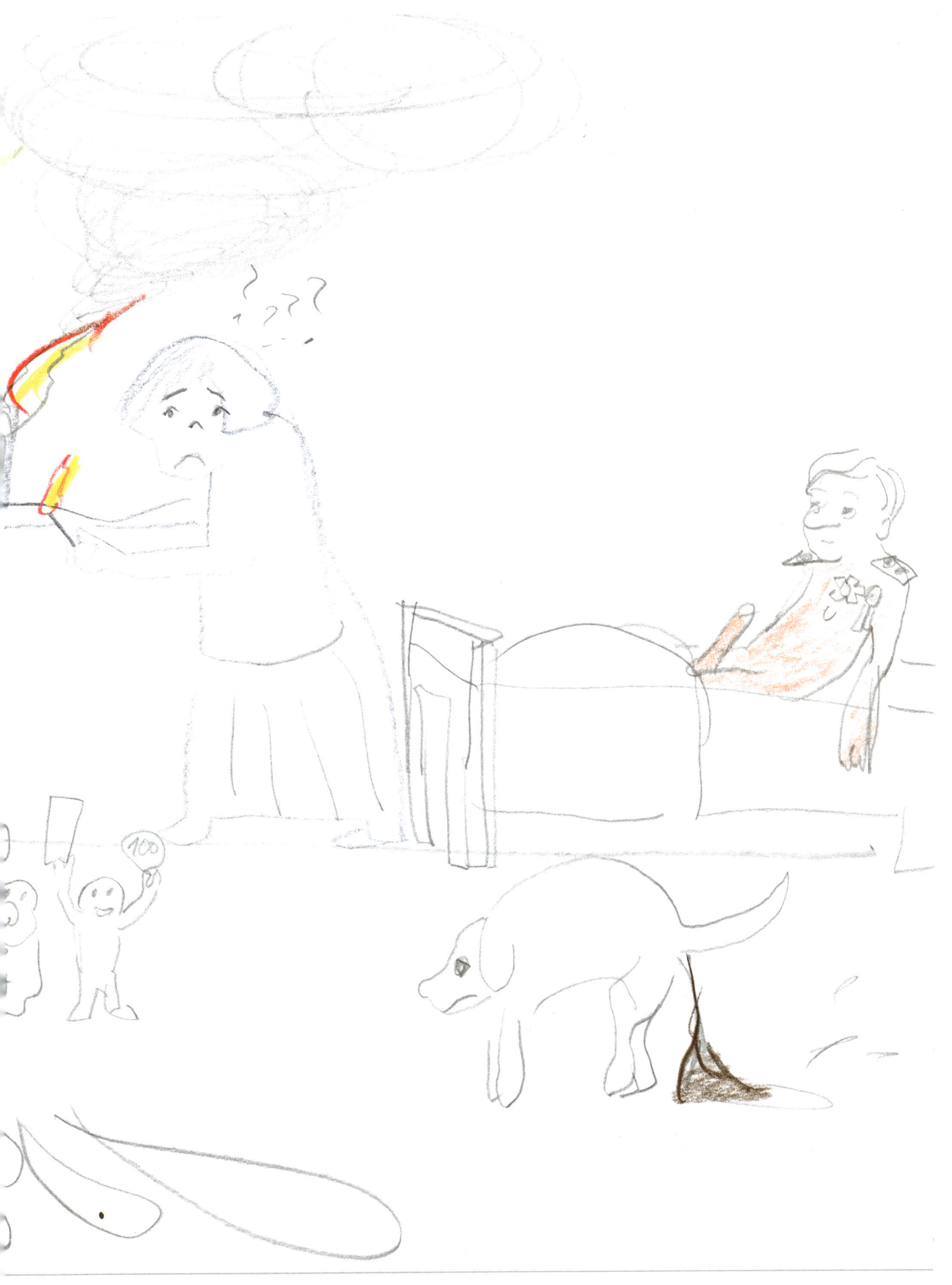
100

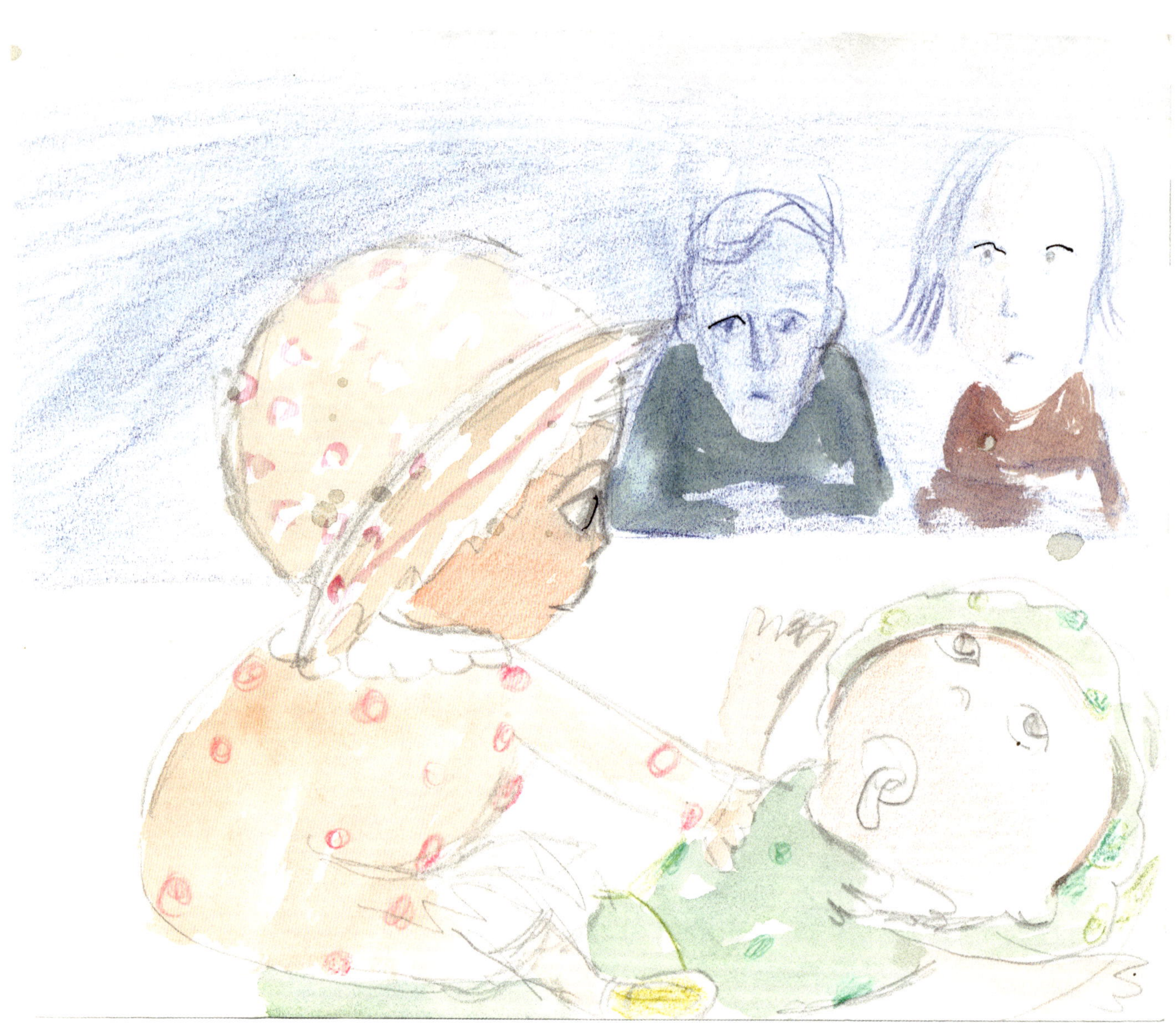

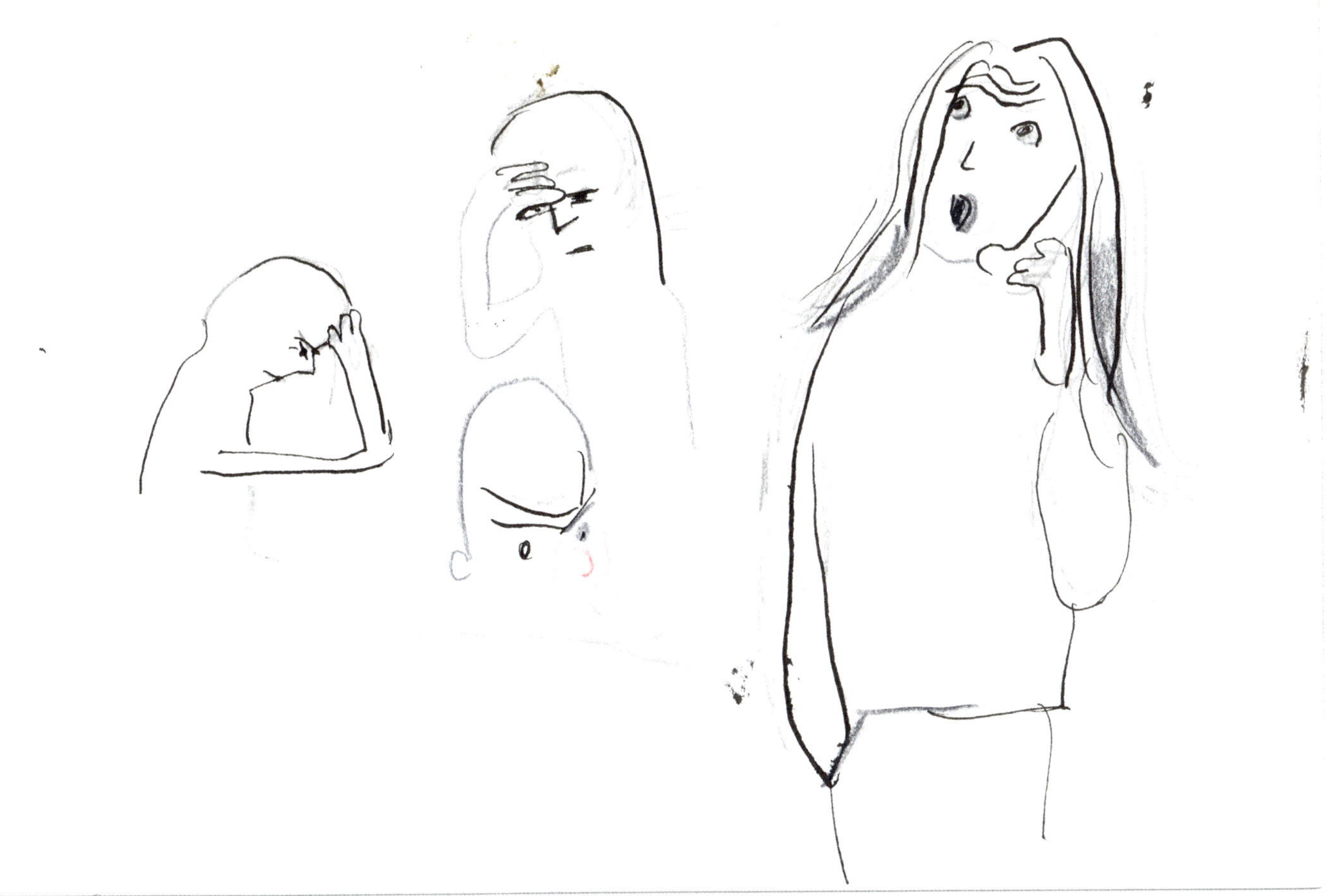

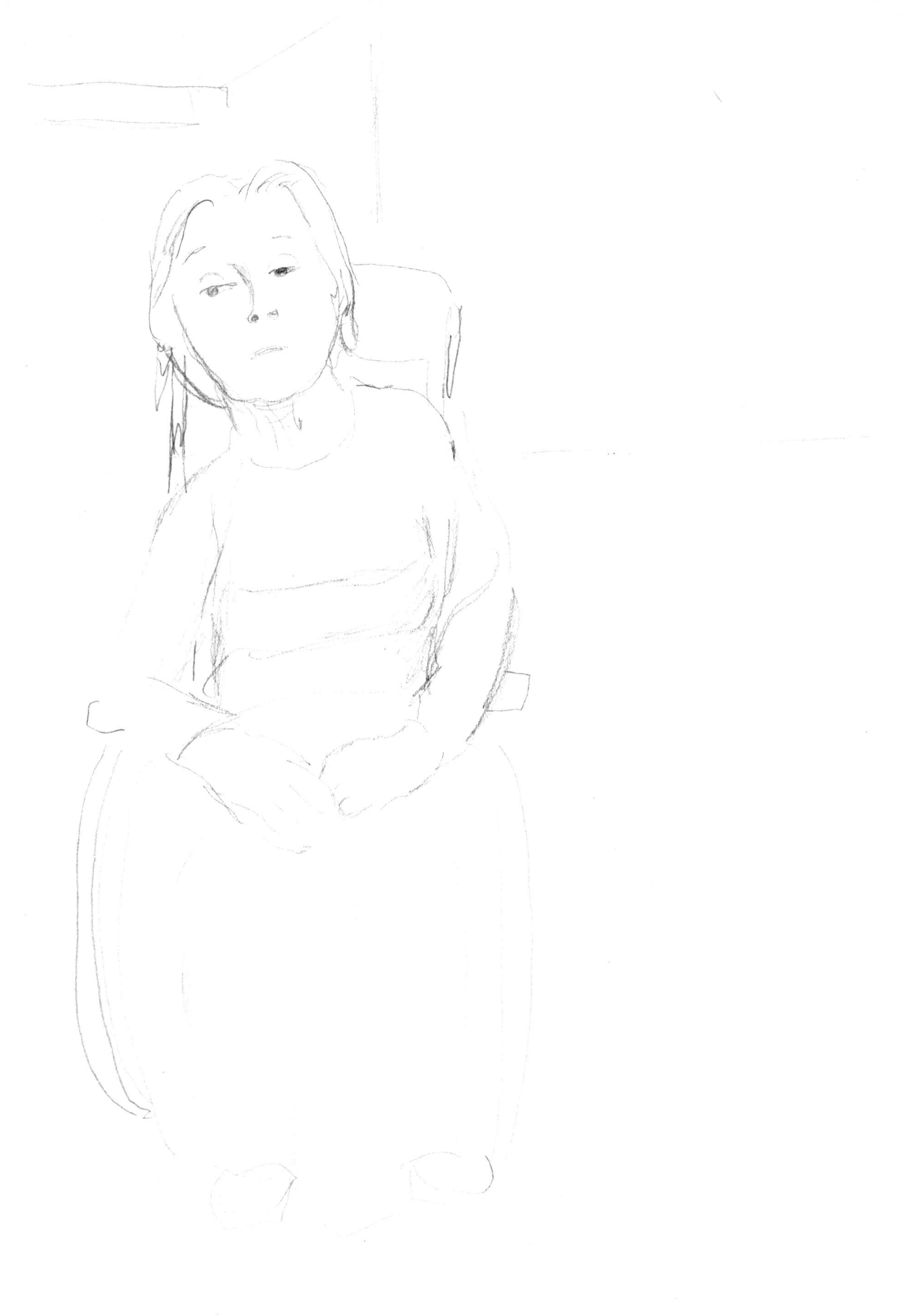

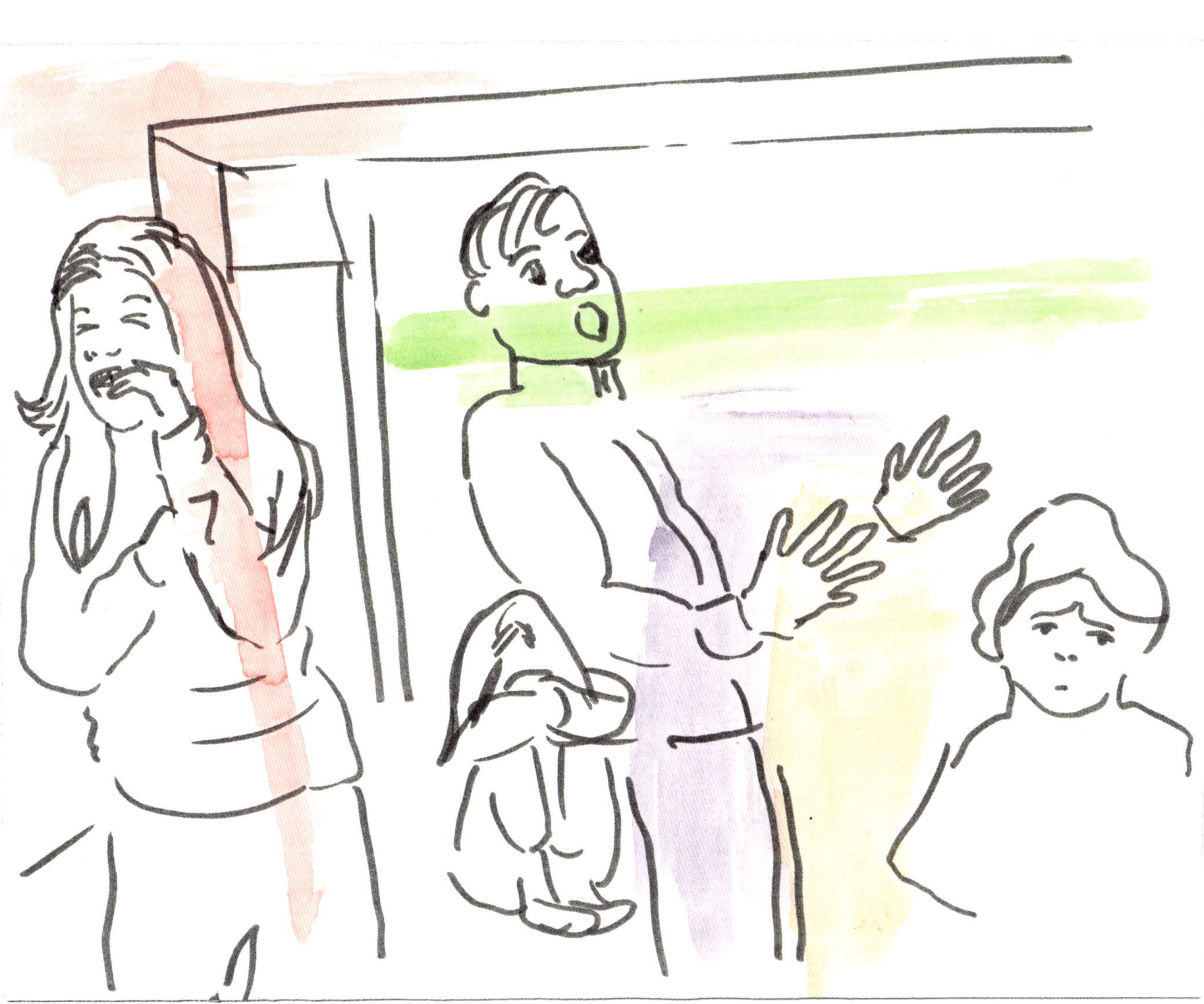

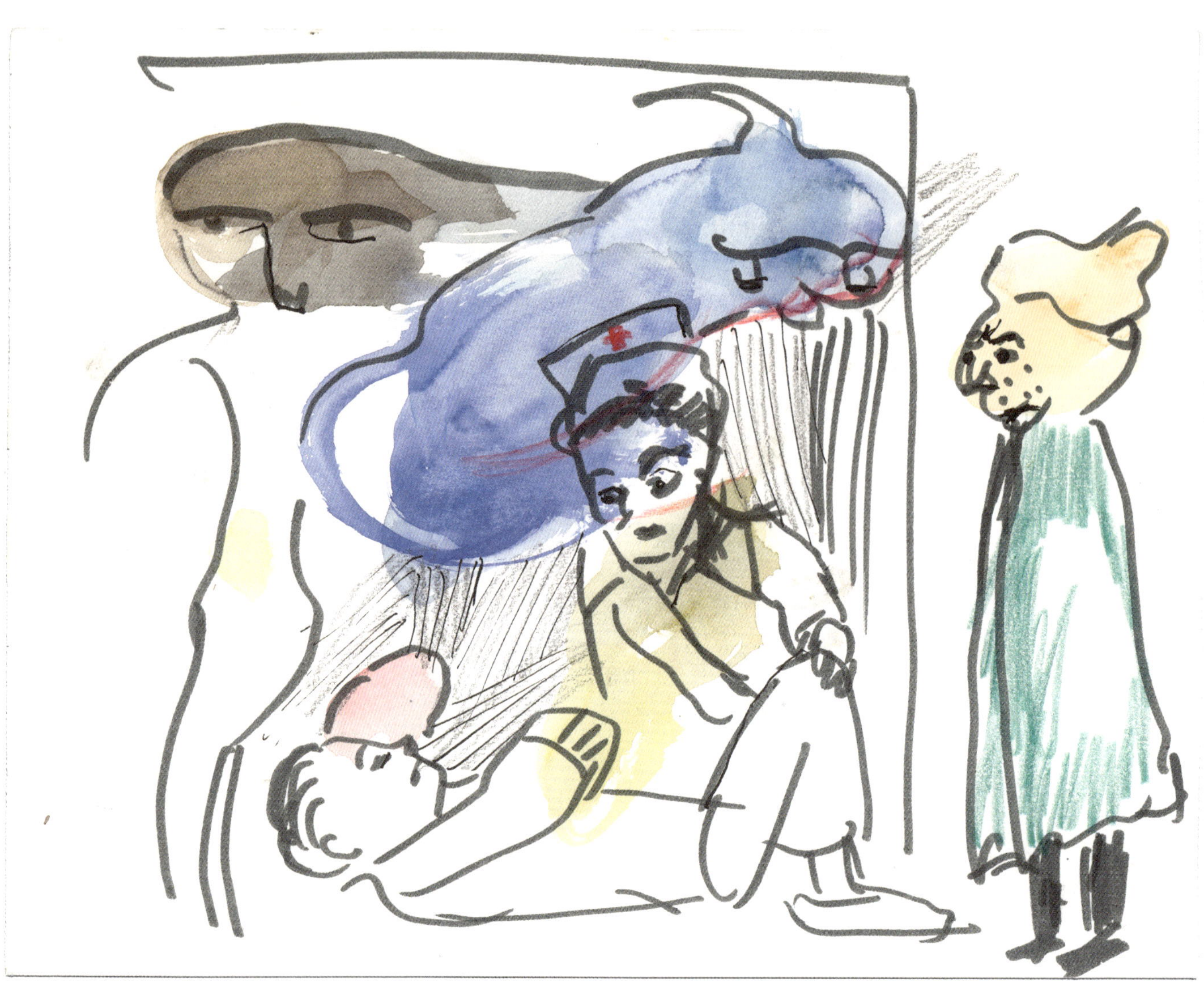

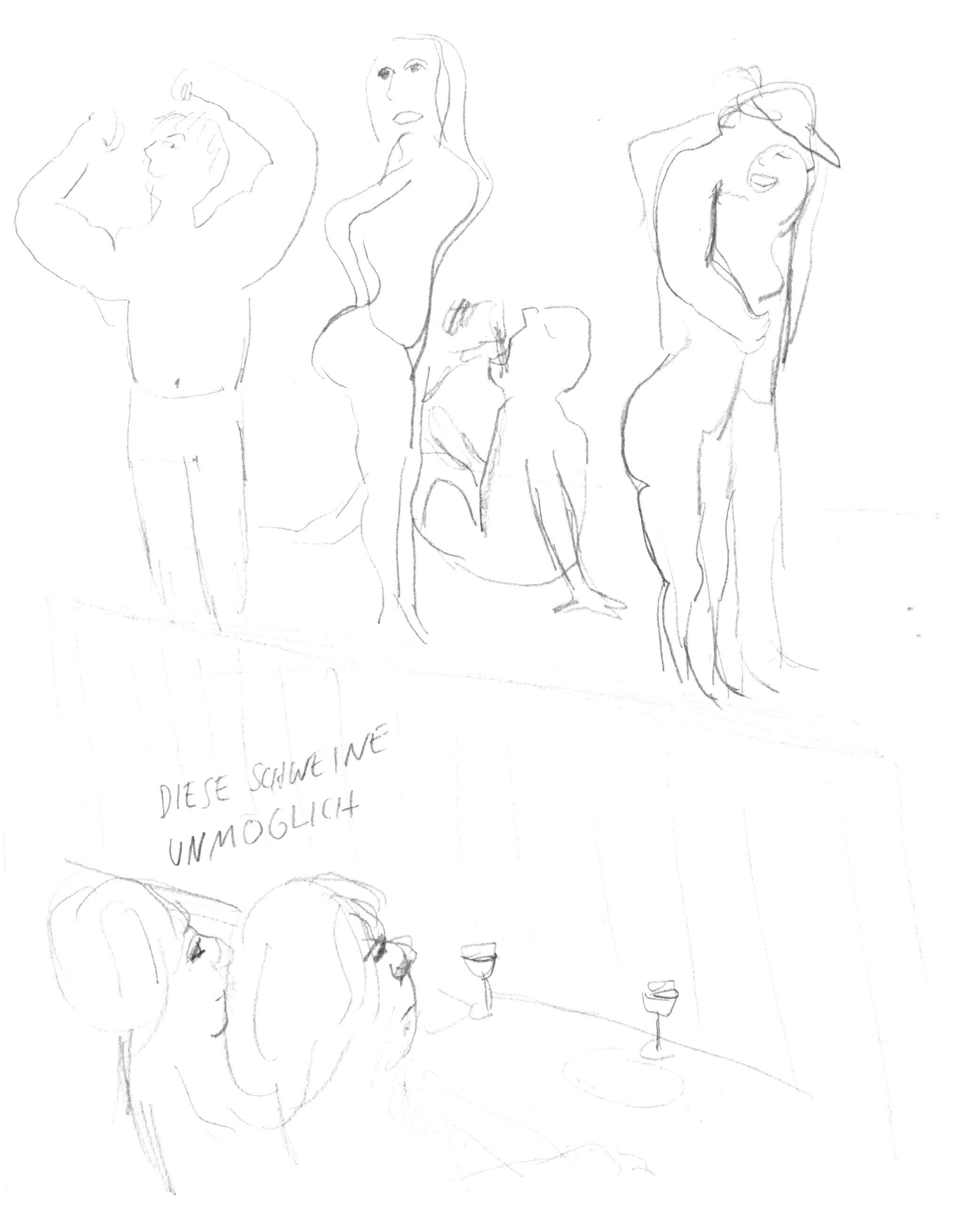
DIESE SCHWEINE
UNMOGLICH

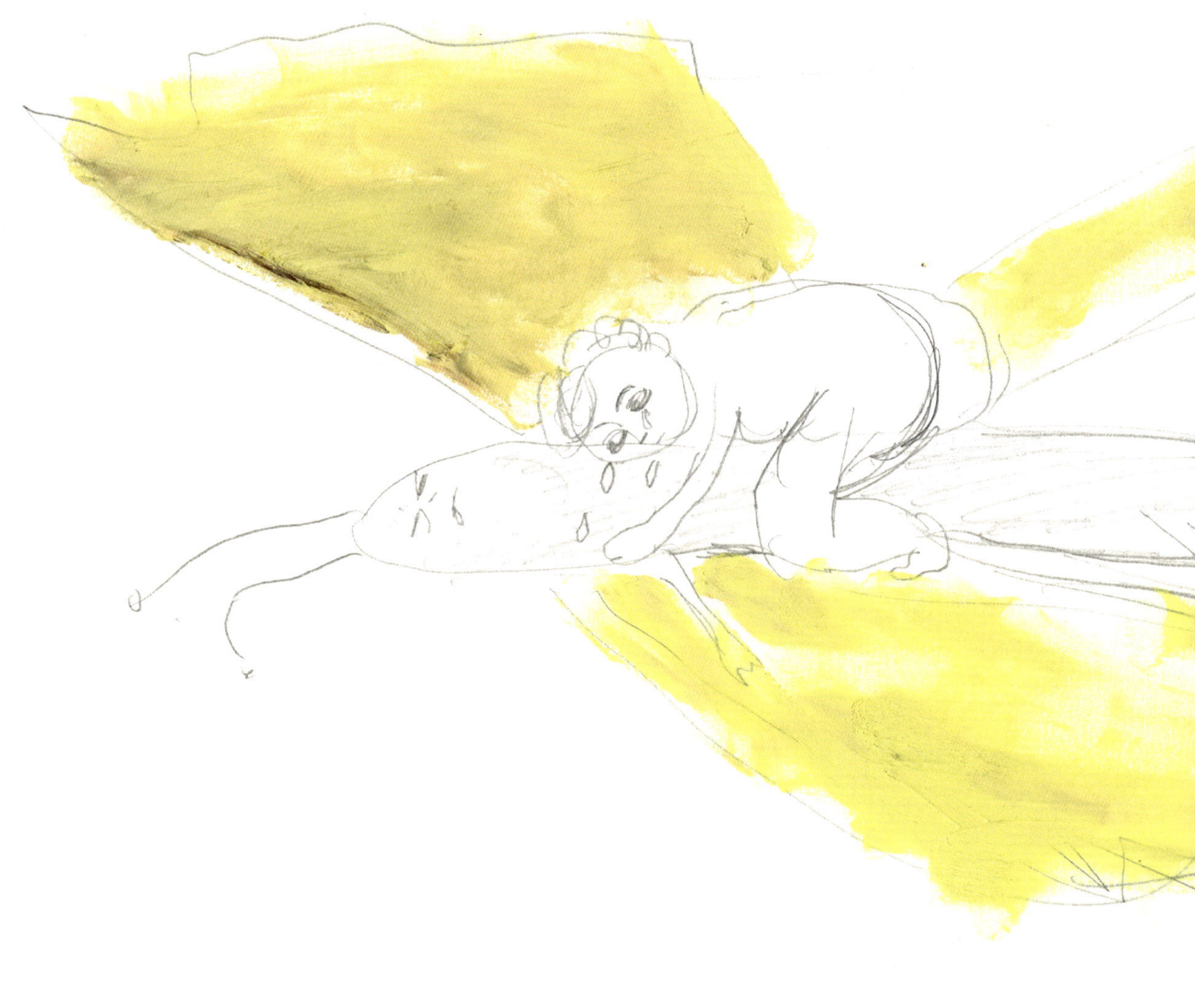

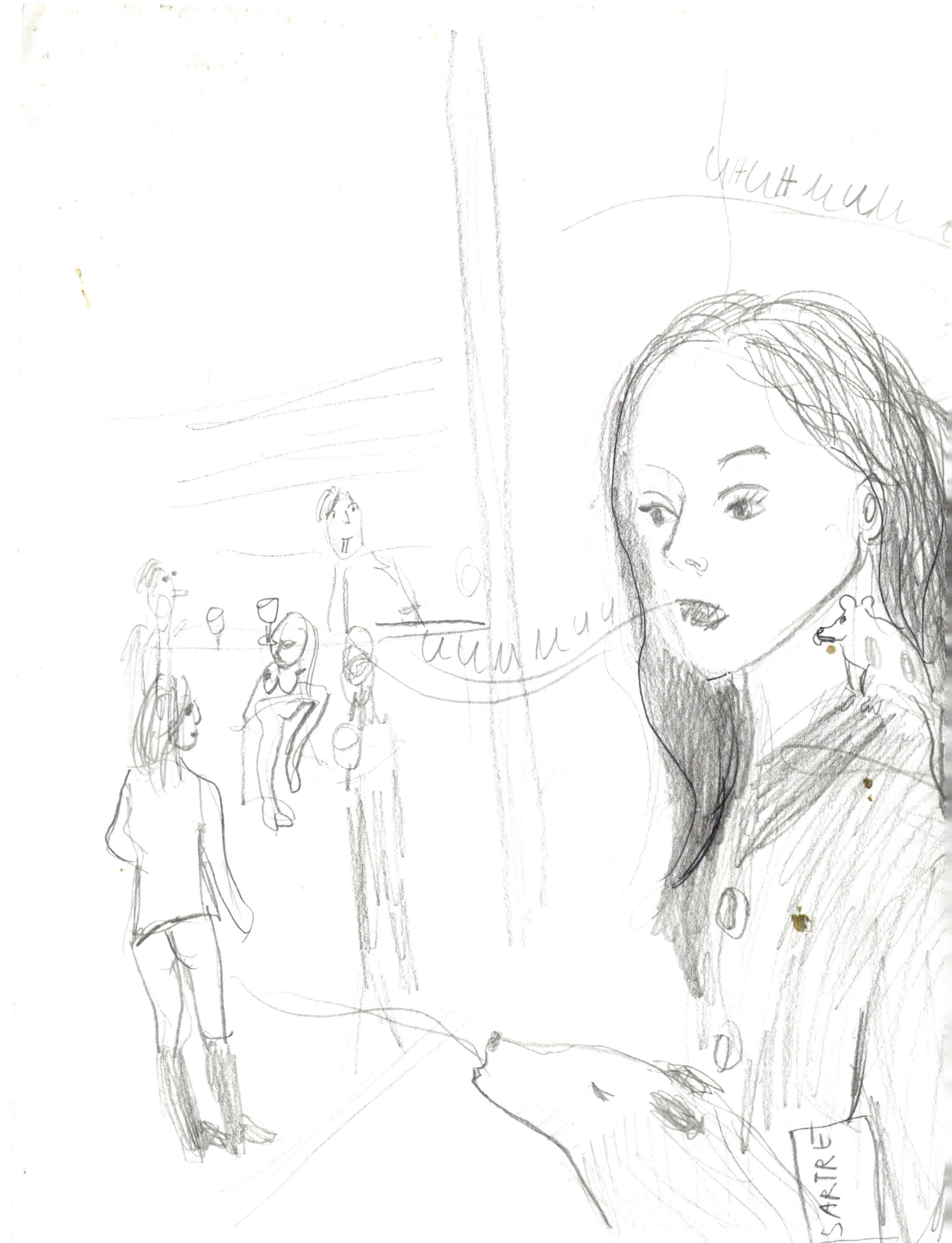
SARTRE

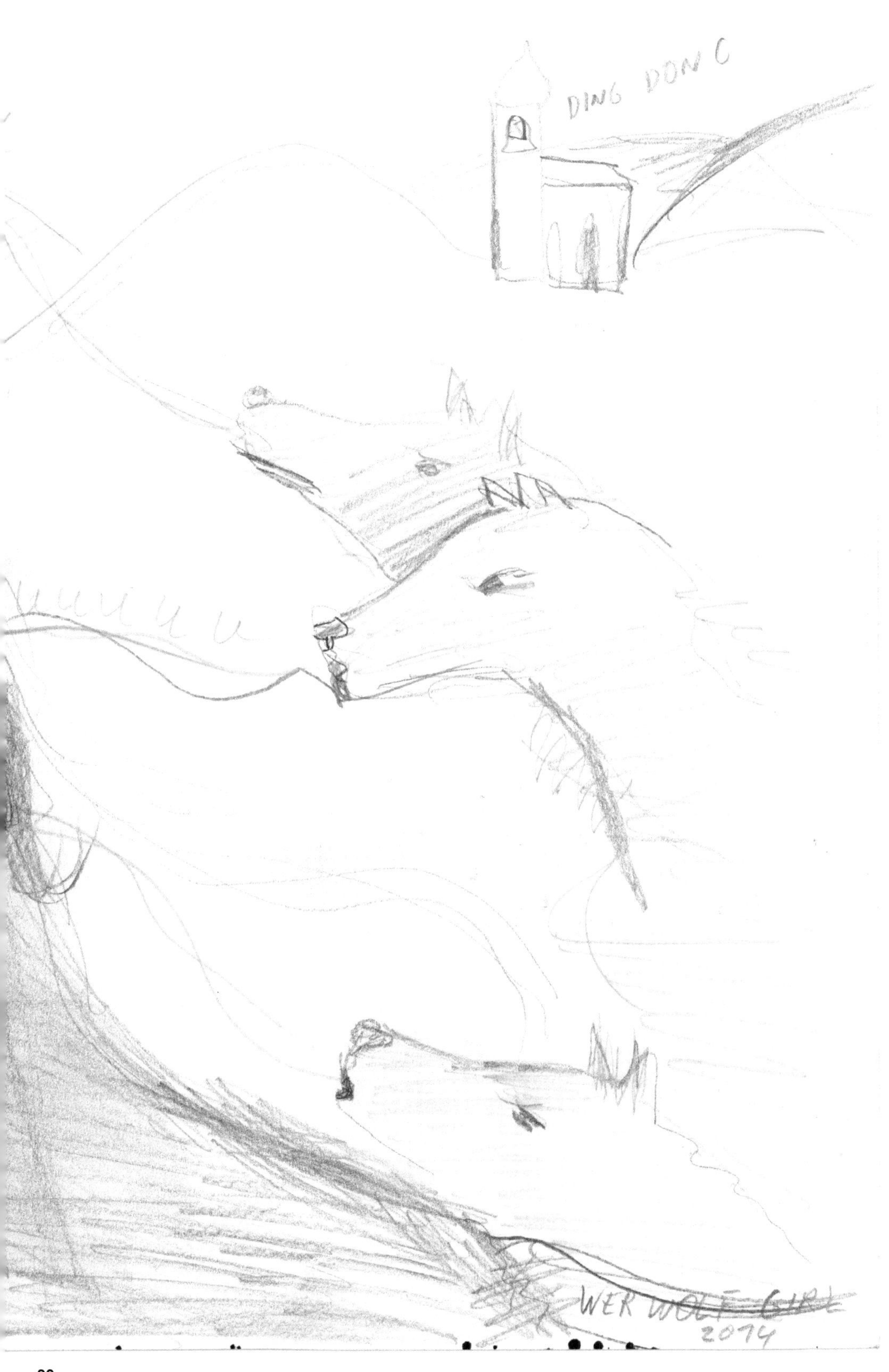
DING DONG
WER WOLF GIRL
2014

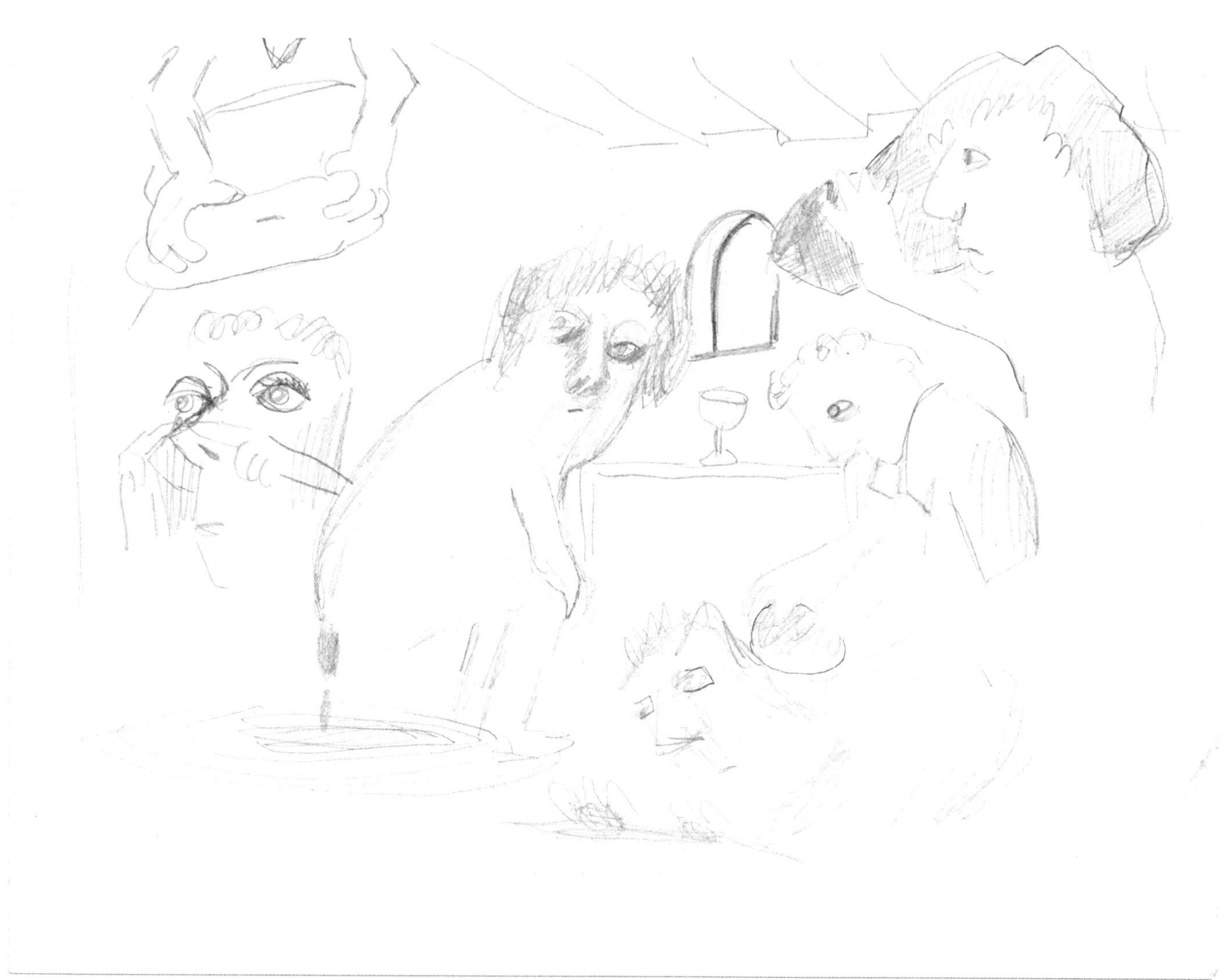

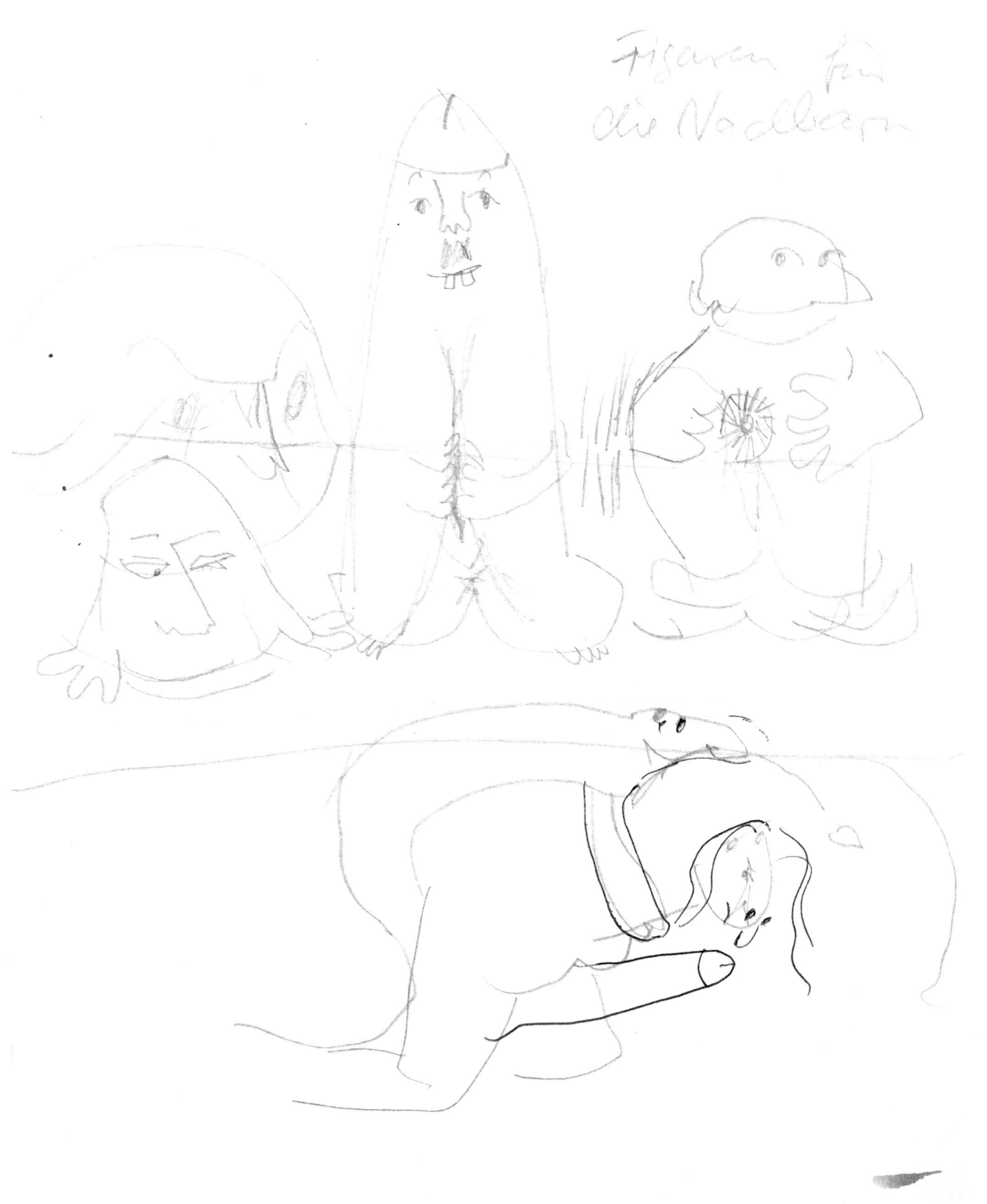
Figuren für
die Nachbarn

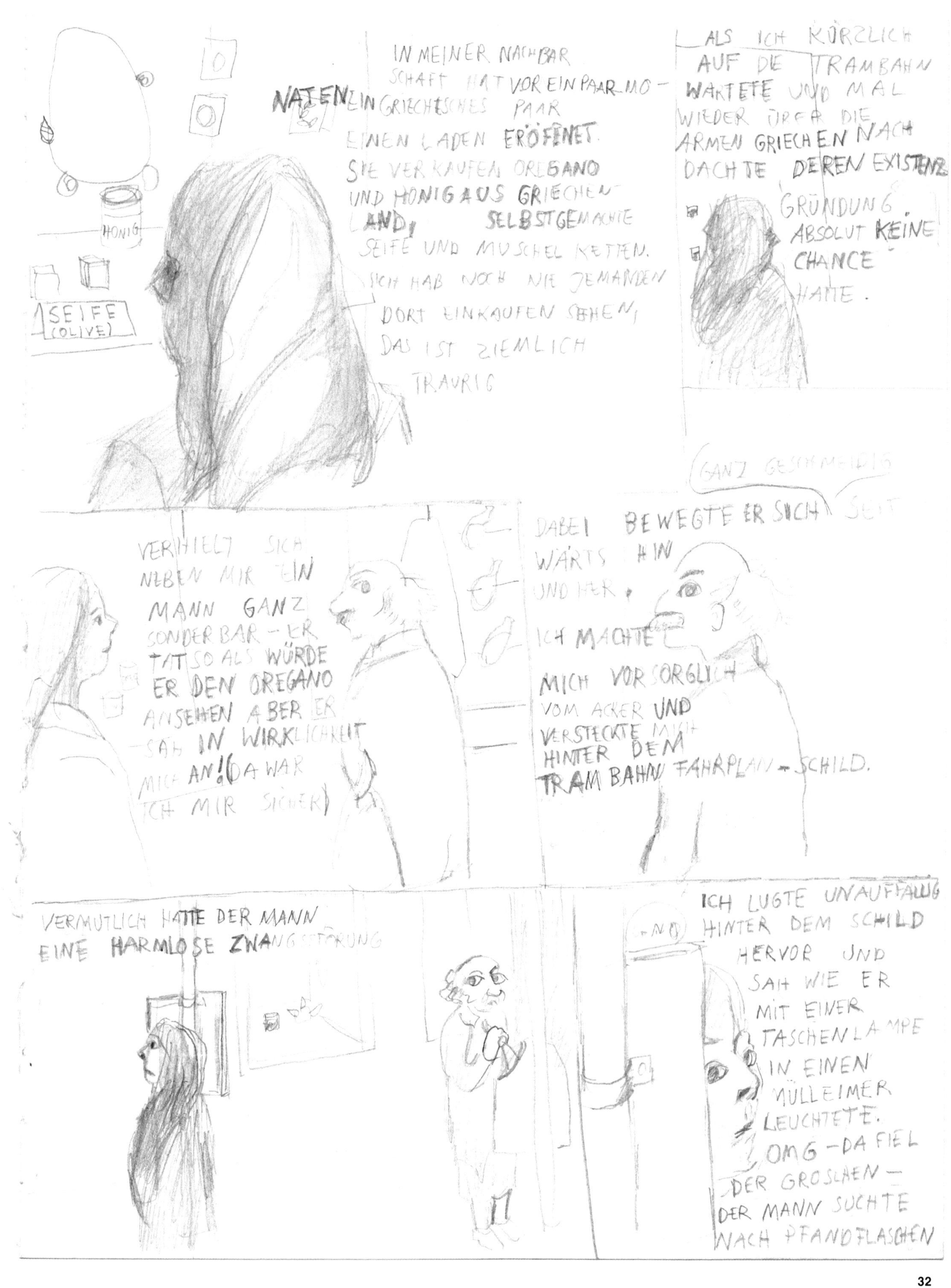

IN MEINER NACHBARSCHAFT HAT VOR EIN PAAR MONATEN EIN GRIECHISCHES PAAR EINEN LADEN ERÖFFNET. SIE VERKAUFEN OREGANO UND HONIG AUS GRIECHENLAND, SELBSTGEMACHTE SEIFE UND MUSCHEL KETTEN. ICH HAB NOCH NIE JEMANDEN DORT EINKAUFEN SEHEN, DAS IST ZIEMLICH TRAURIG
HONIG
SEIFE (OLIVE)
ALS ICH KÜRZLICH AUF DIE TRAMBAHN WARTETE UND MAL WIEDER ÜBER DIE ARMEN GRIECHEN NACHDACHTE DEREN EXISTENZGRÜNDUNG ABSOLUT KEINE CHANCE HATTE.
VERHIELT SICH NEBEN MIR EIN MANN GANZ SONDERBAR – ER TAT SO ALS WÜRDE ER DEN OREGANO ANSEHEN ABER ER SAH IN WIRKLICHKEIT MICH AN! (DA WAR ICH MIR SICHER)
DABEI BEWEGTE ER SICH GANZ GESCHMEIDIG SEITWÄRTS HIN UND HER.
ICH MACHTE MICH VORSORGLICH VOM ACKER UND VERSTECKTE MICH HINTER DEM TRAMBAHN FAHRPLAN-SCHILD.
VERMUTLICH HATTE DER MANN EINE HARMLOSE ZWANGSSTÖRUNG
ICH LUGTE UNAUFFÄLLIG HINTER DEM SCHILD HERVOR UND SAH WIE ER MIT EINER TASCHENLAMPE IN EINEN MÜLLEIMER LEUCHTETE. OMG – DA FIEL DER GROSCHEN – DER MANN SUCHTE NACH PFANDFLASCHEN

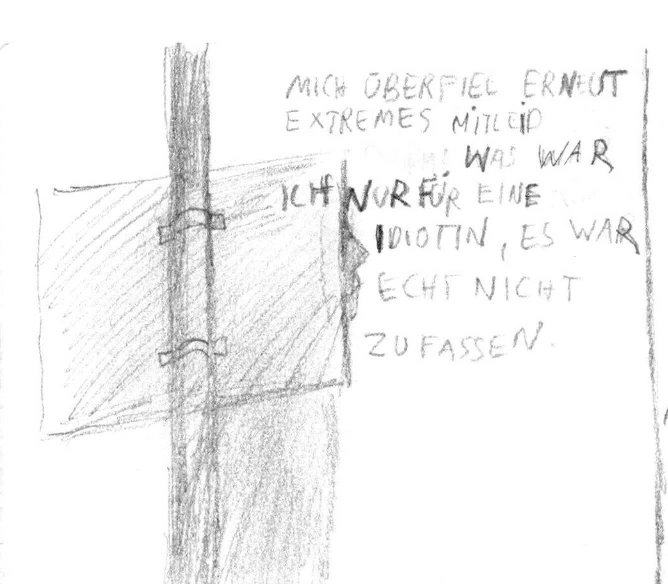

DENN MIT MITLEID WAR ECHT KEINEM GEHOLFEN – DEN GRIECHEN NICHT, MIR NICHT UND DEM SCHAMHAFTEN FLASCHENSAMMLER SCHON GAR NICHT. ABER GELD GEBEN KONNTE ICH IHM SO UNGEFRAGT NATÜRLICH AUCH NICHT. ICH SOLLTE MICH BESSER LOCKER MACHEN.

ICH HATTE IN LETZTER ZEIT VIEL ÜBER DAS LEBEN GENERELL NACHGEDACHT. ÜBER MEINE ROLLE ALS MALENDE MORALAPOSTELIN, DIE IN ZEITEN WIE DIESEN REIN GARKEINEN SINN MEHR ERGAB. JA, DIE ZEITEN WAREN KRASS! SOWAS VON KRASS, DASS MAN ES FAST NICHT GLAUBEN KONNTE.

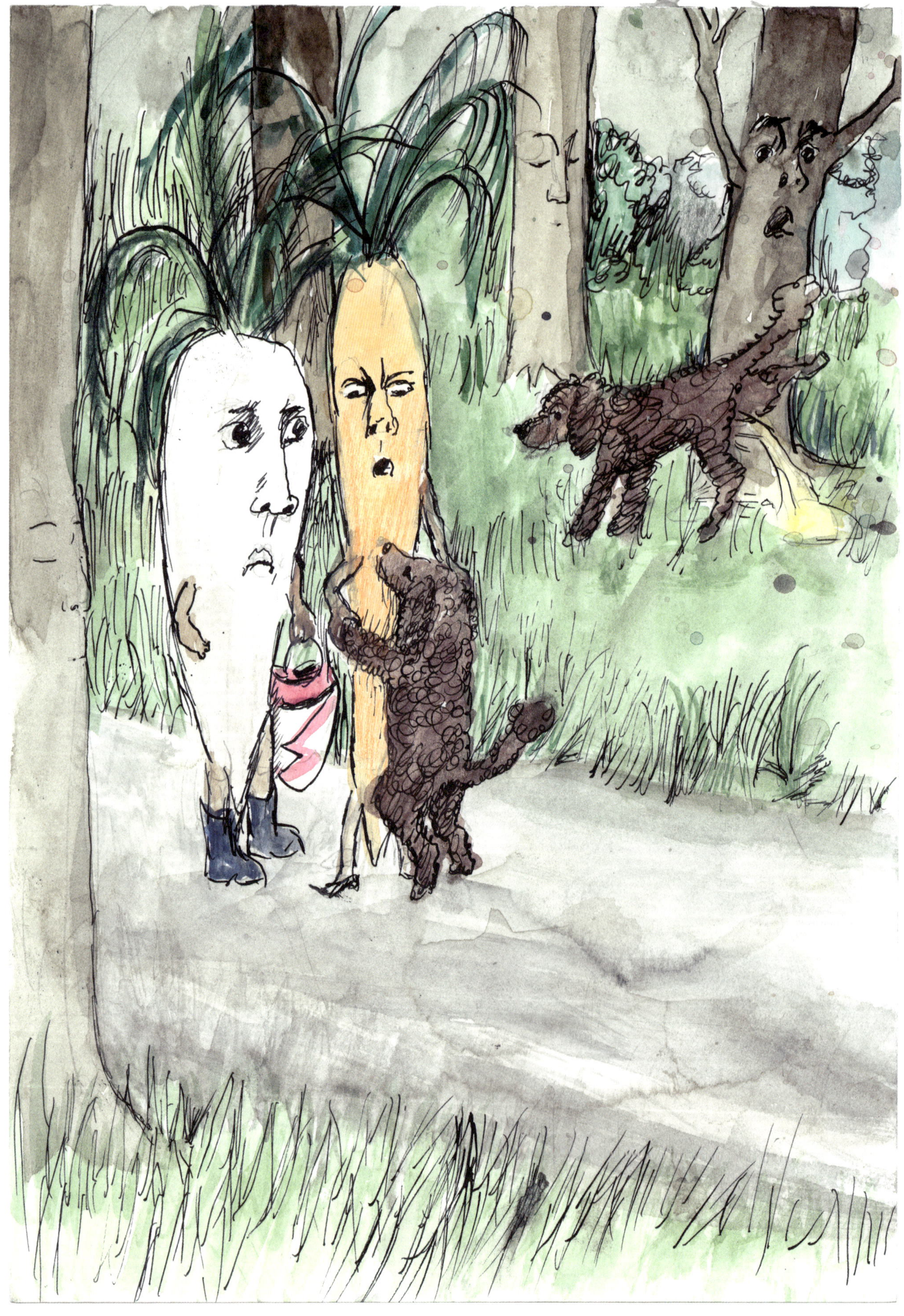

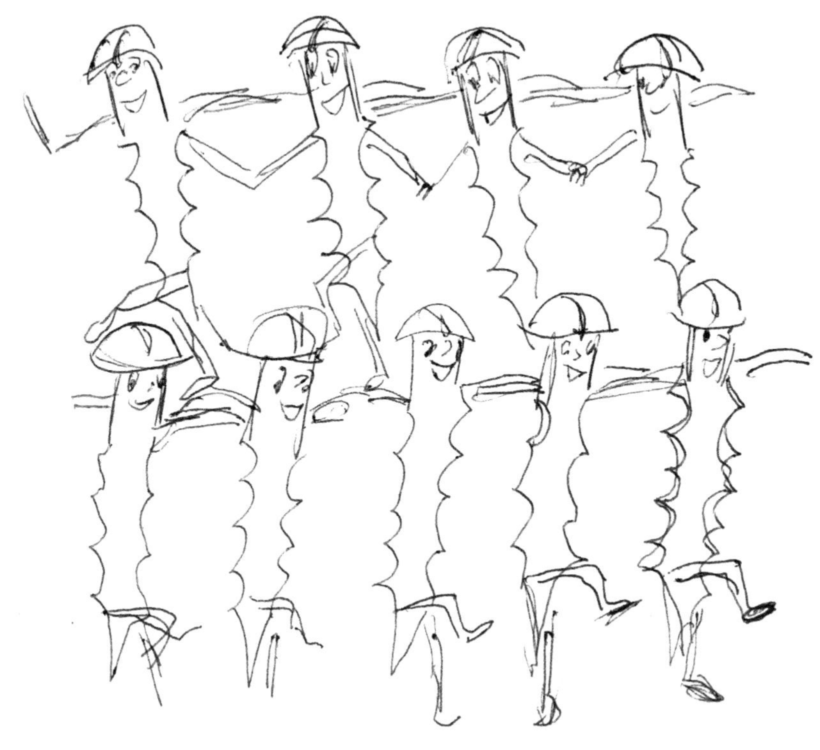

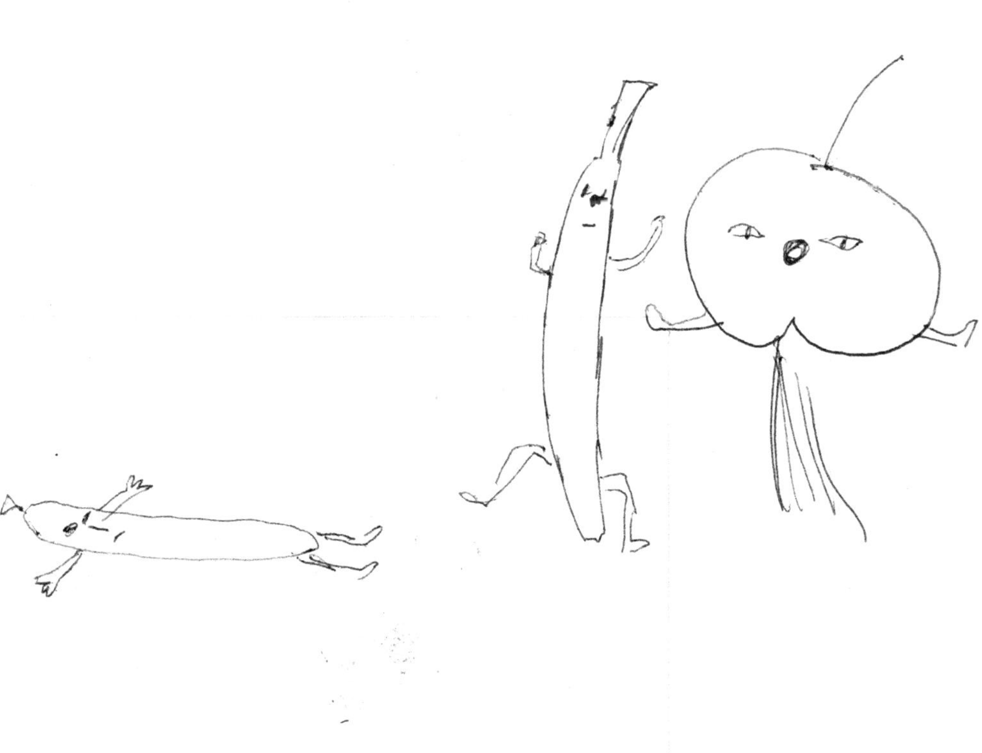

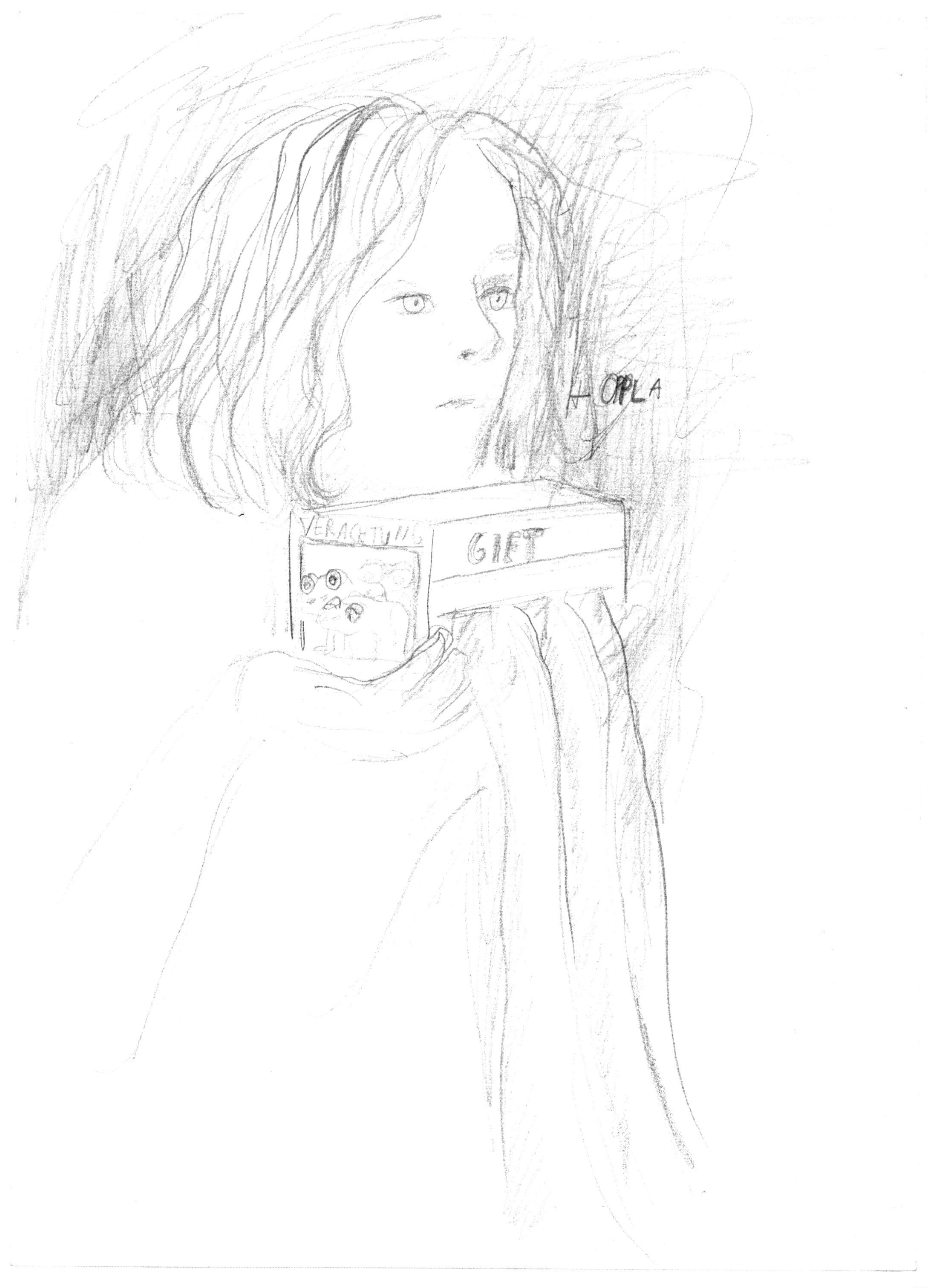
HOPPLA
VERACHTUNG
GIFT

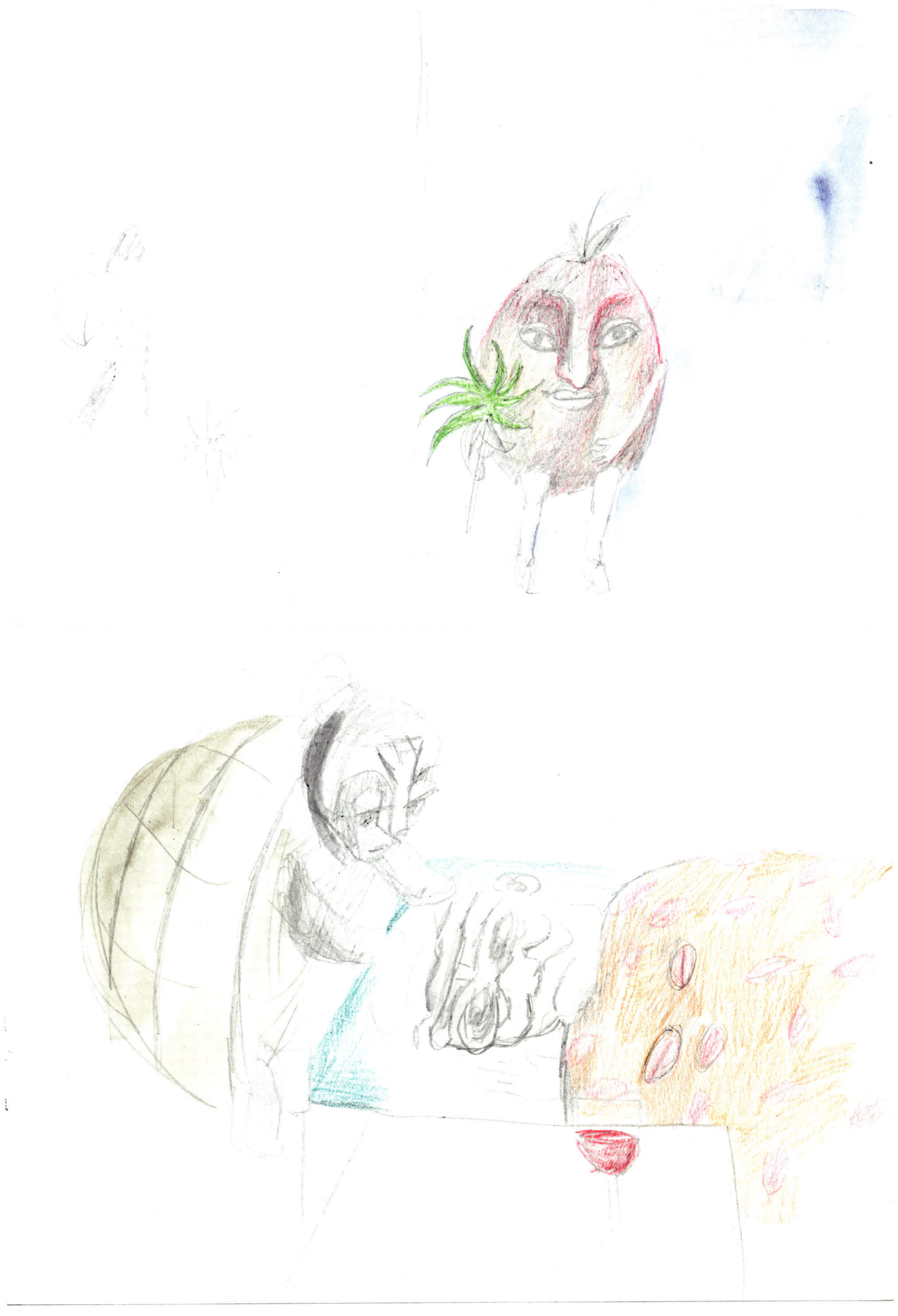

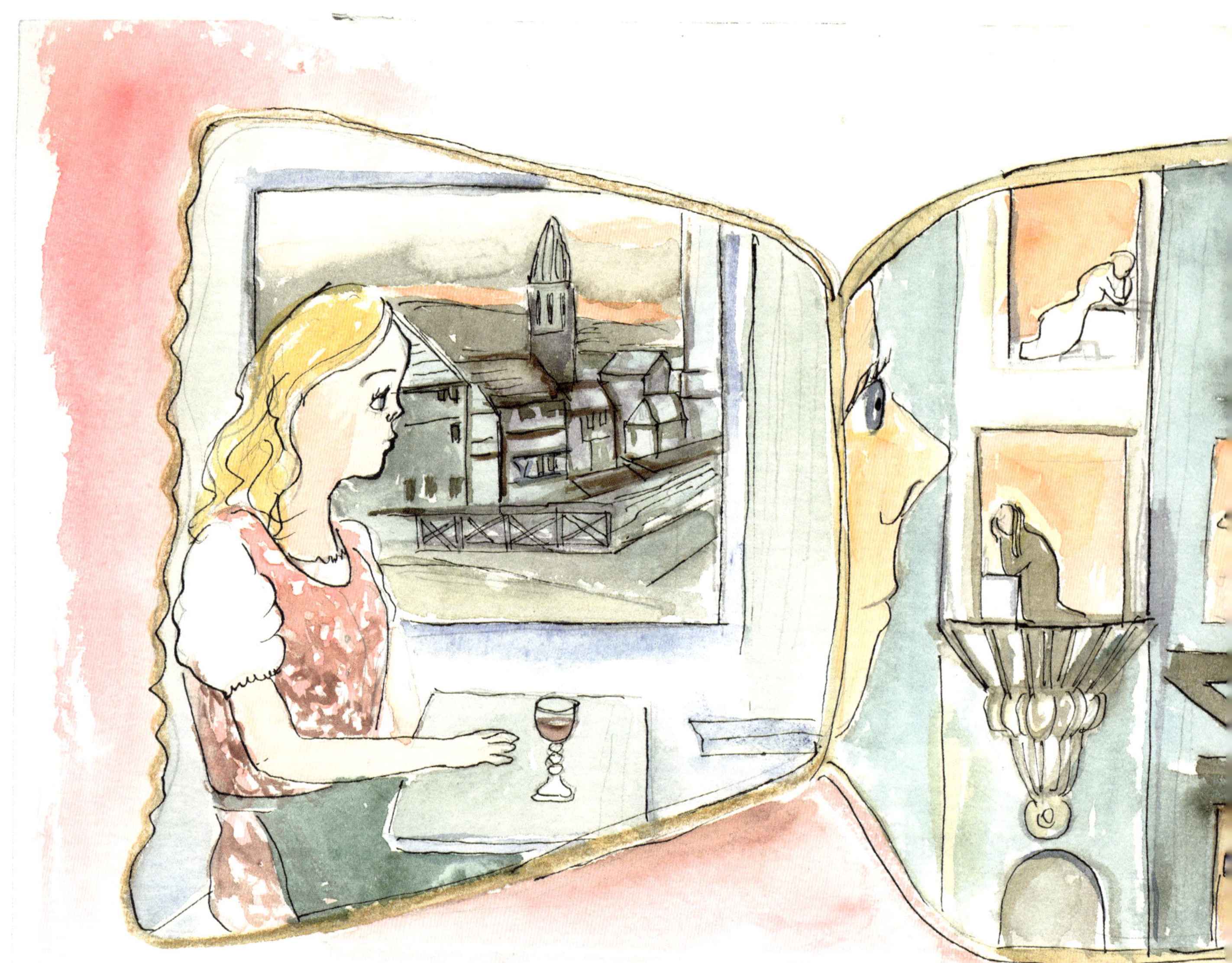

Ich fuhr im Zug Richtung Altstadt, es dämmerte bereits. Ich sah durch die Fenster, wie die Bewohner bei Kerzenschein ihr Religionen praktizierten

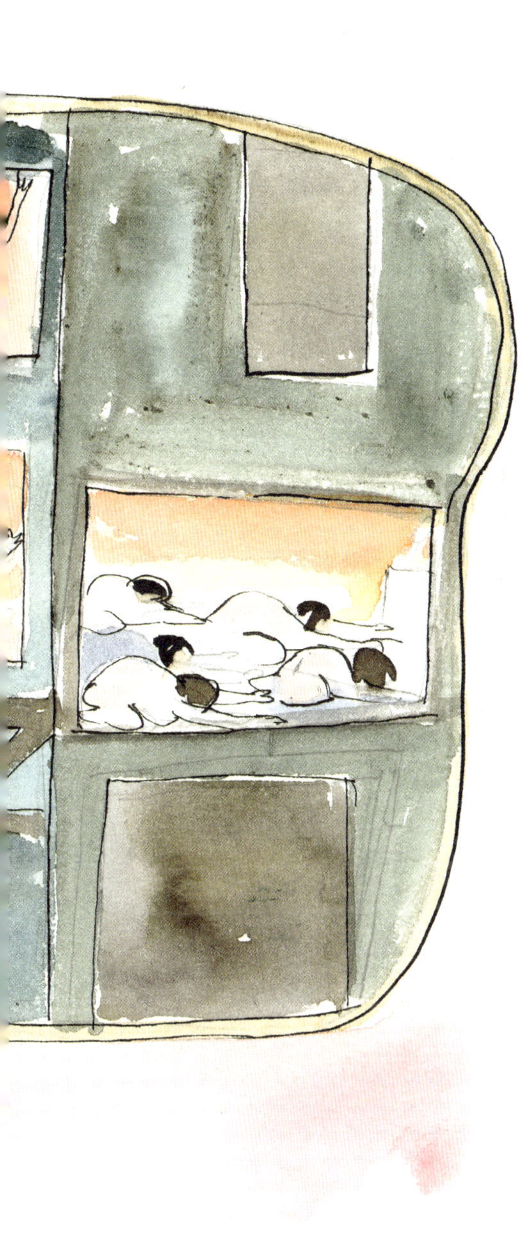

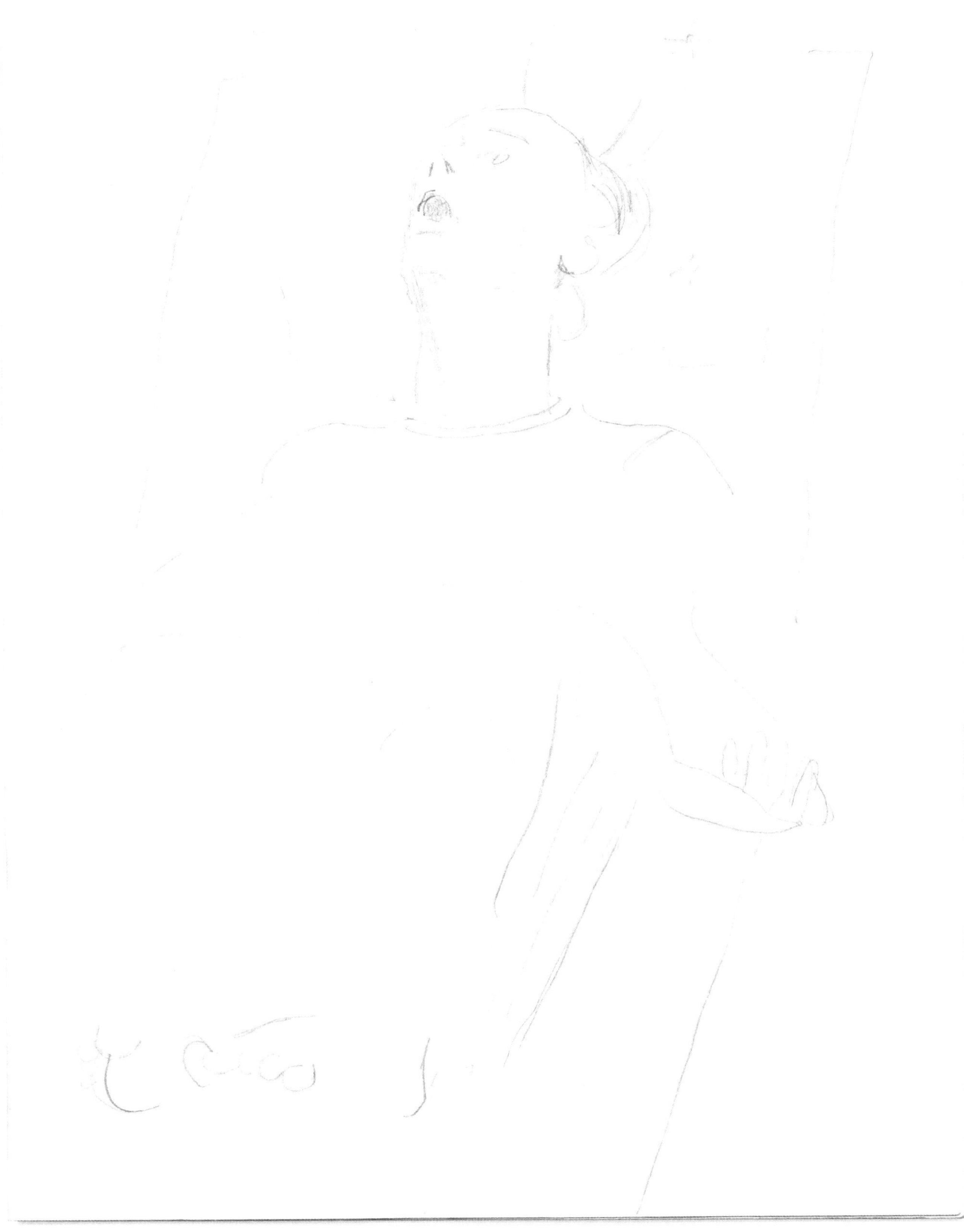

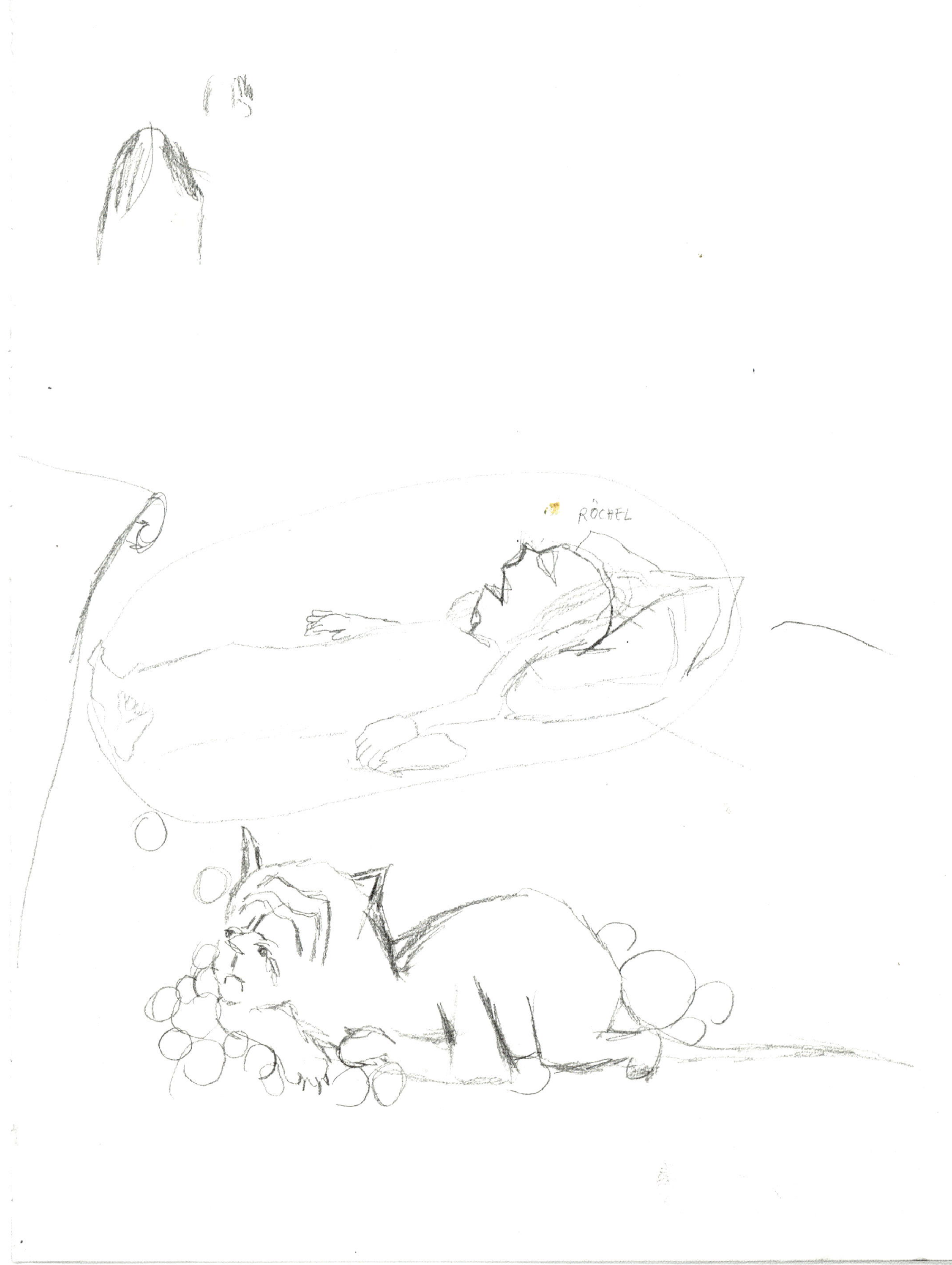
RÖCHEL

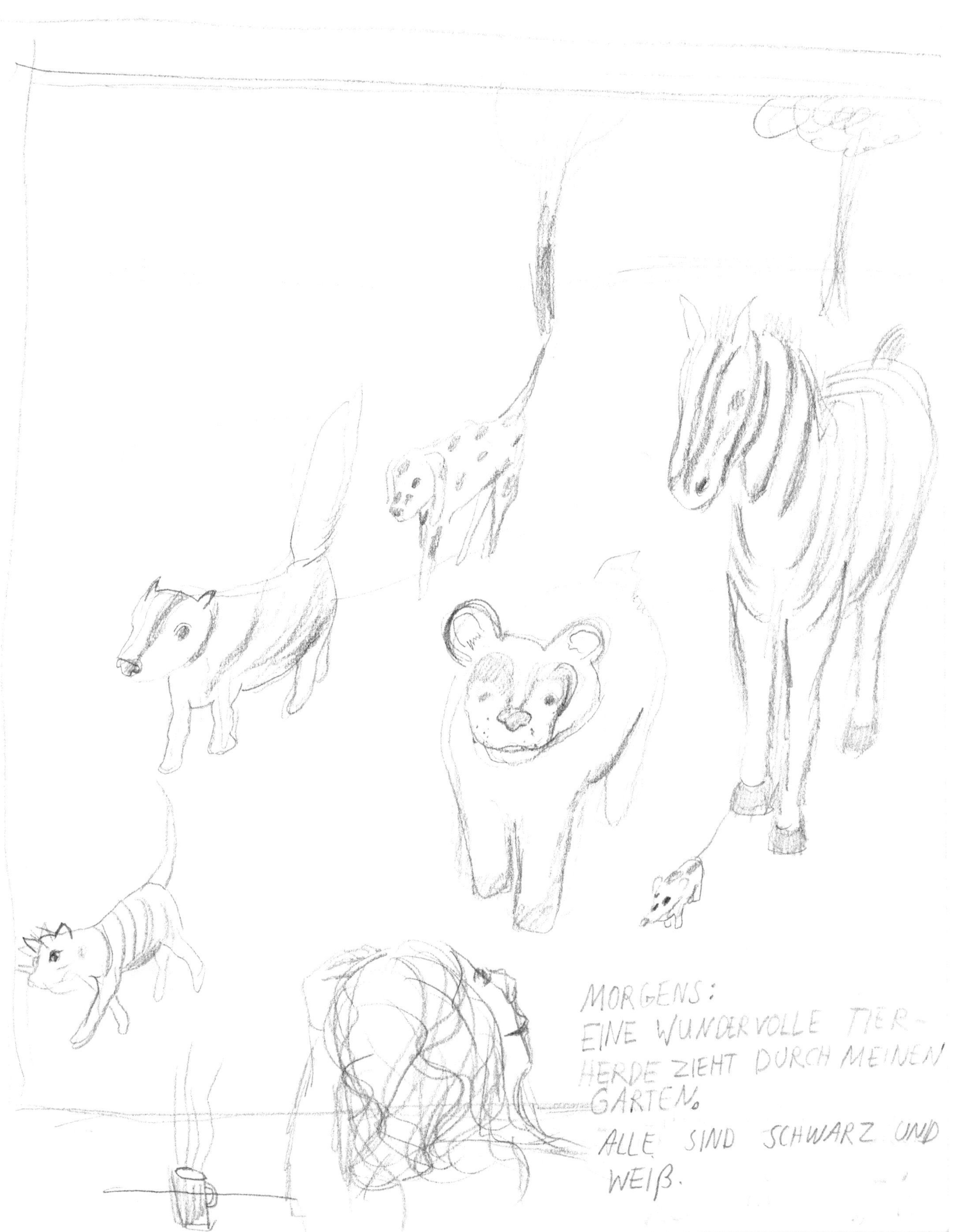
MORGENS:
EINE WUNDERVOLLE TIER-
HERDE ZIEHT DURCH MEINEN
GARTEN.
ALLE SIND SCHWARZ UND
WEIß.

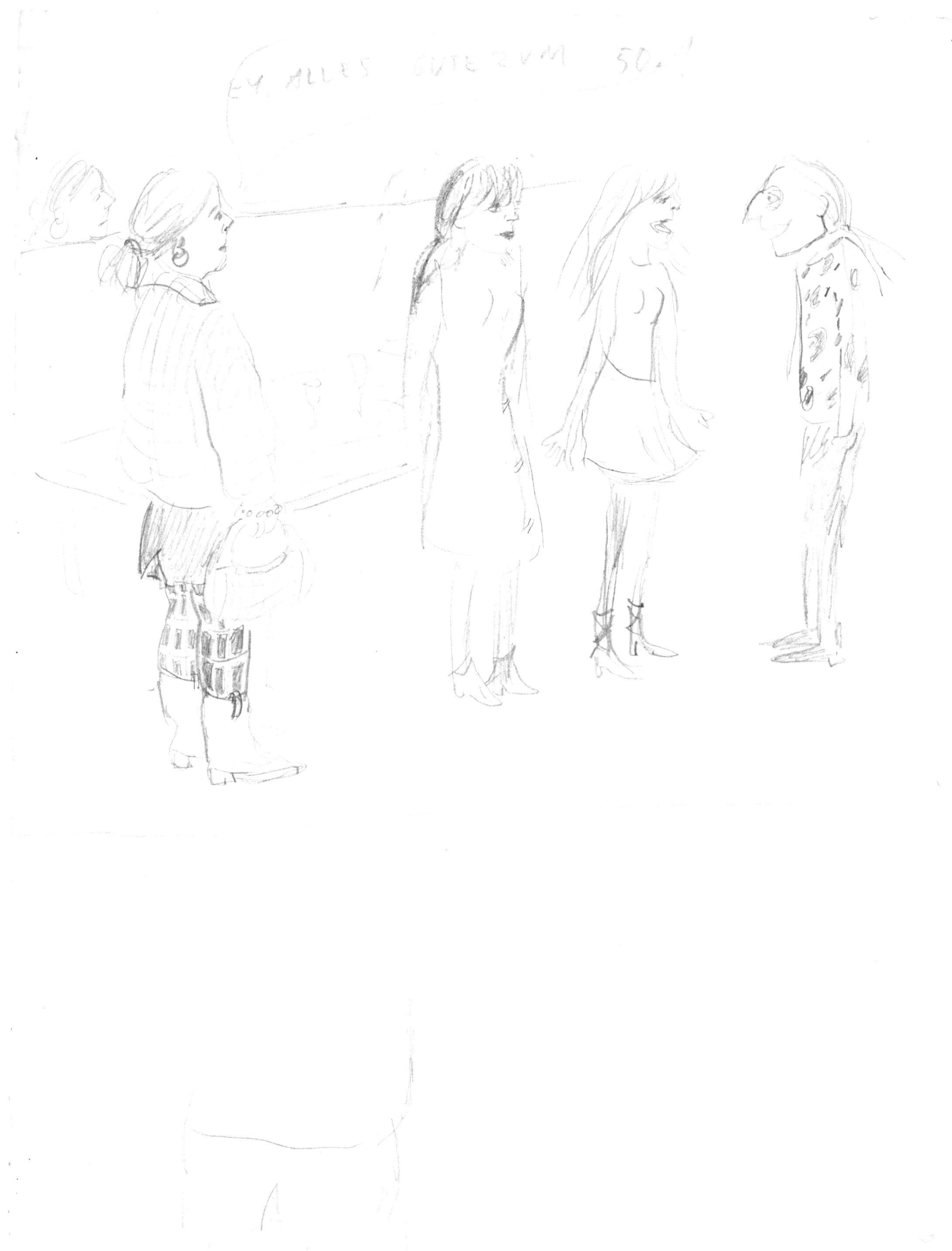
EY, ALLES GUTE ZUM 50.!

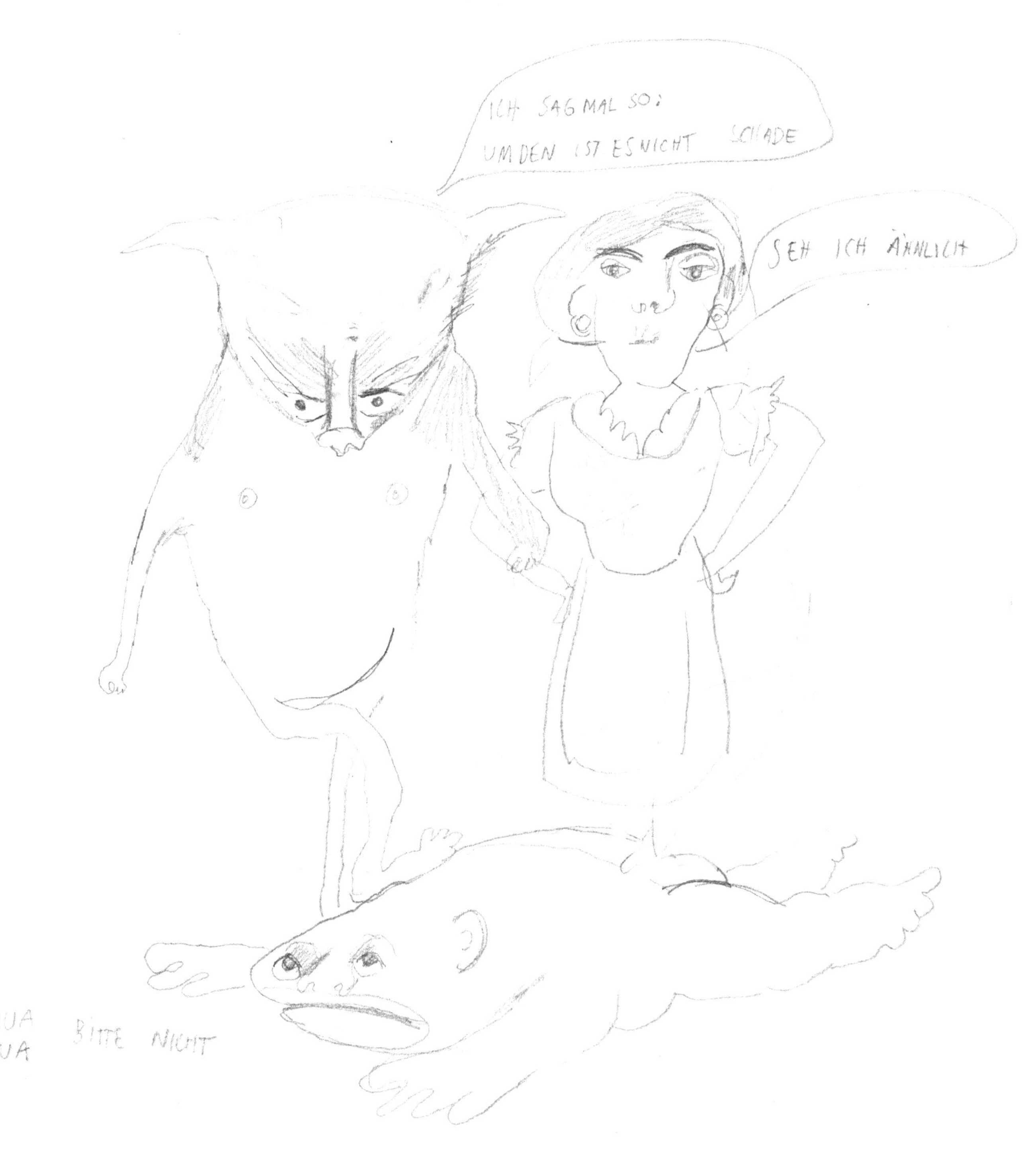
ICH SAG MAL SO:
UM DEN IST ES NICHT SCHADE
SEH ICH ÄHNLICH
AUA
AUA
BITTE NICHT
KURZ VOR DER EXEKUTION

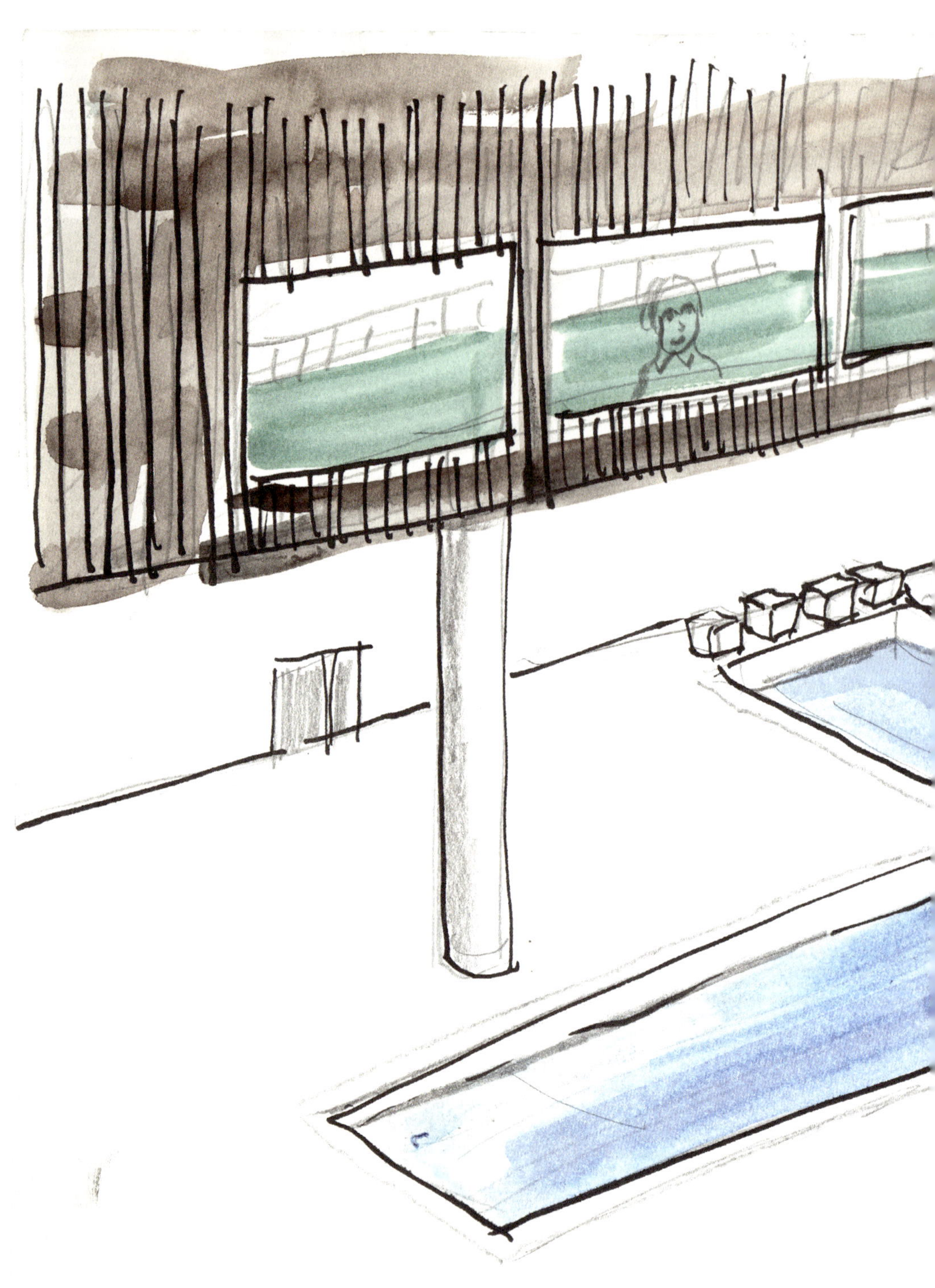

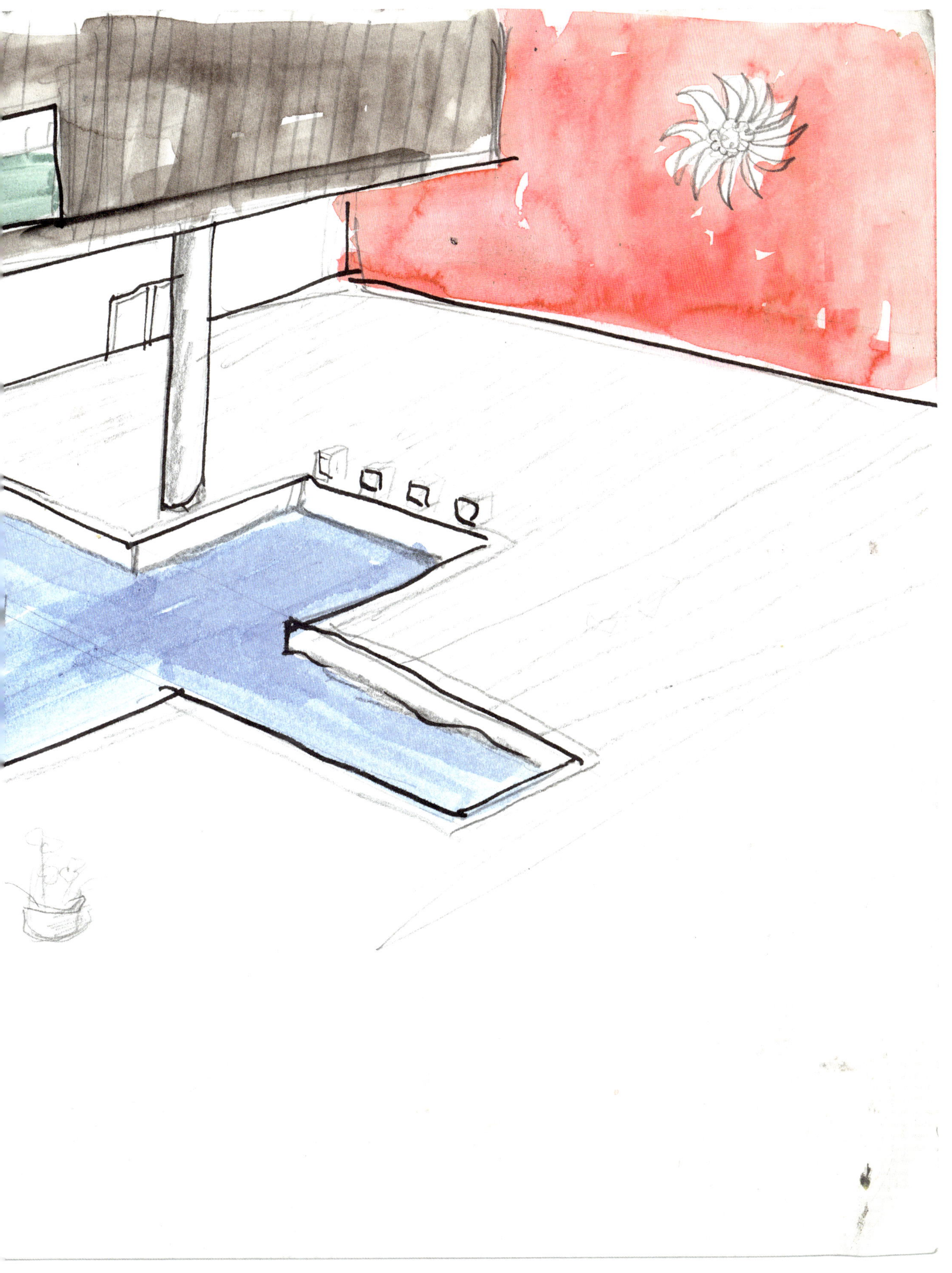

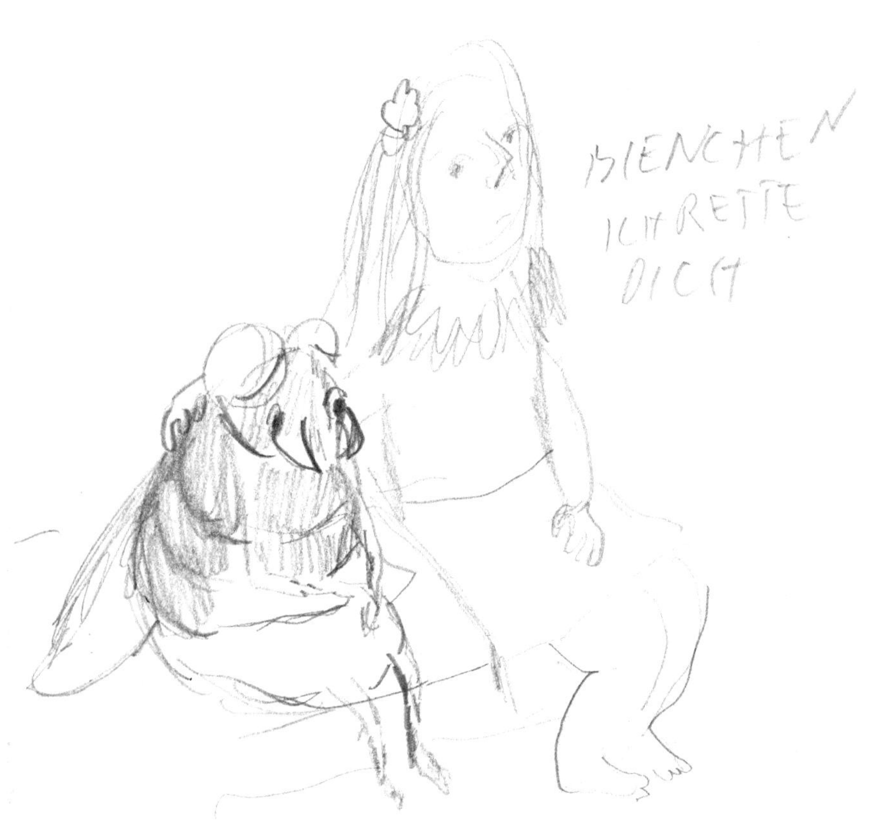
BIENCHEN
ICH RETTE
DICH

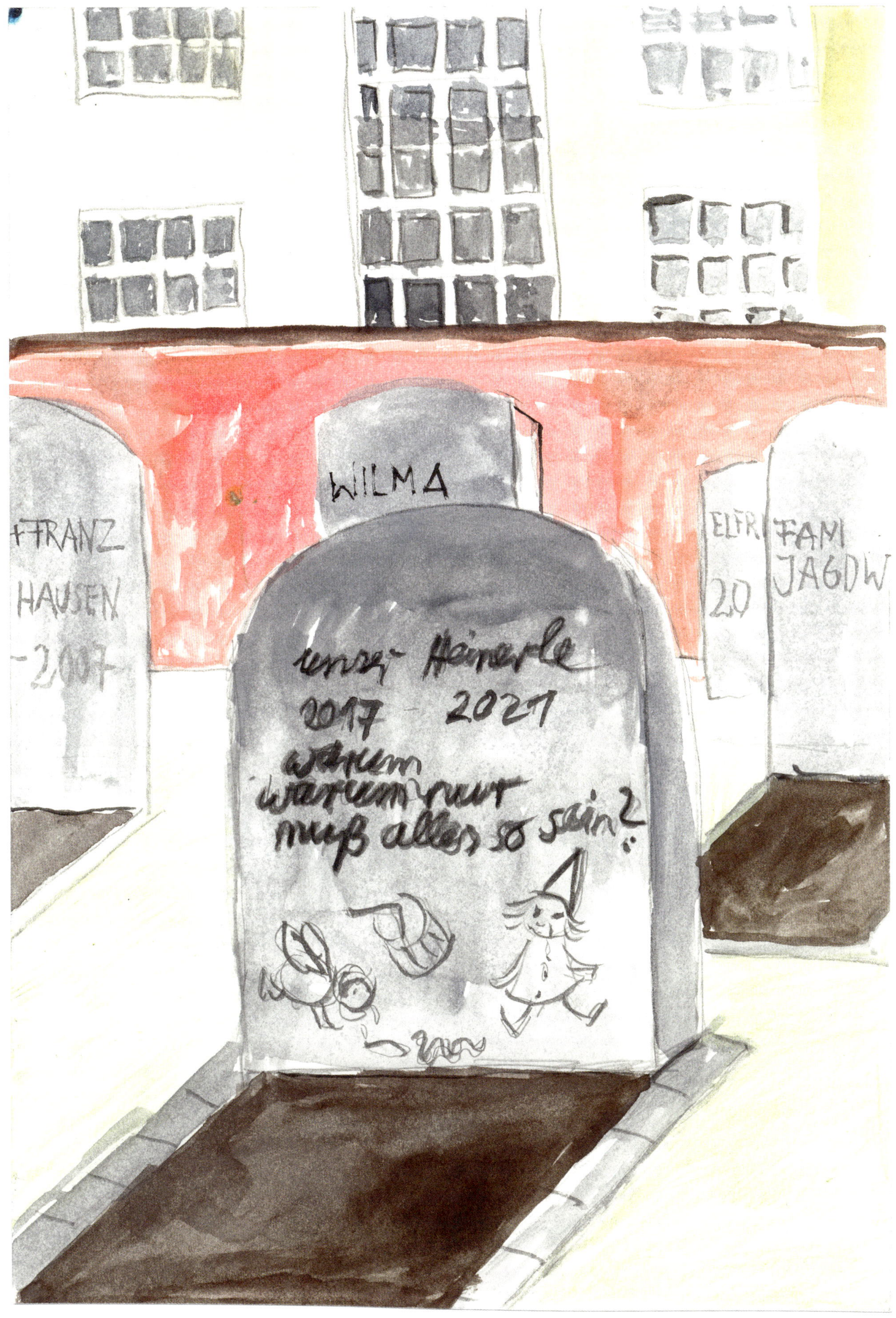
WILMA
FRANZ
HAUSEN
2007
ELFR
20
FAM
JAGDW
Heinerle
2017 2021
warum
warum nur
muß alles so sein?

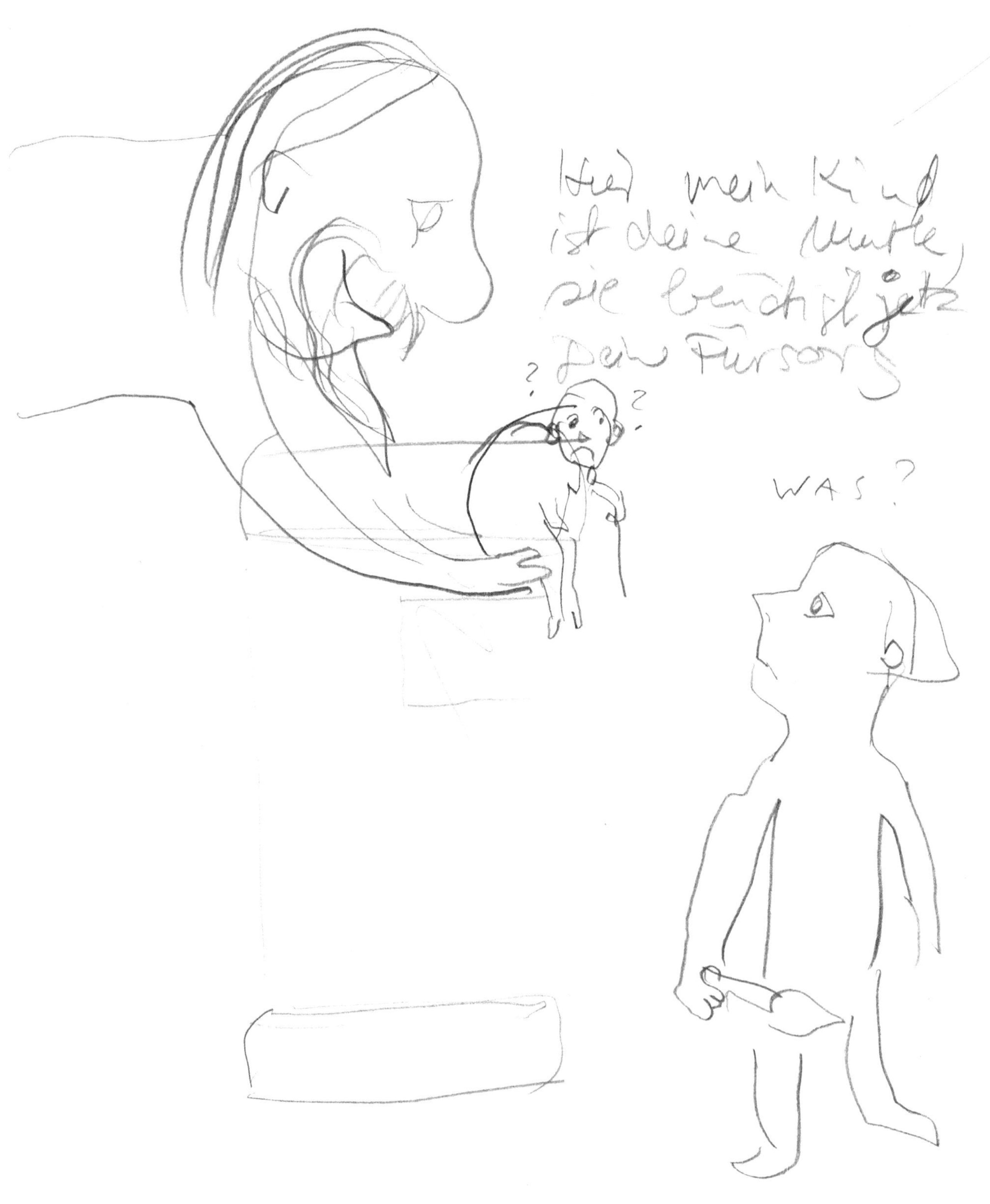
Hier mein Kind
ist deine Mutter,
sie benötigt jetzt
Dein Fürsorg
? ?
WAS?

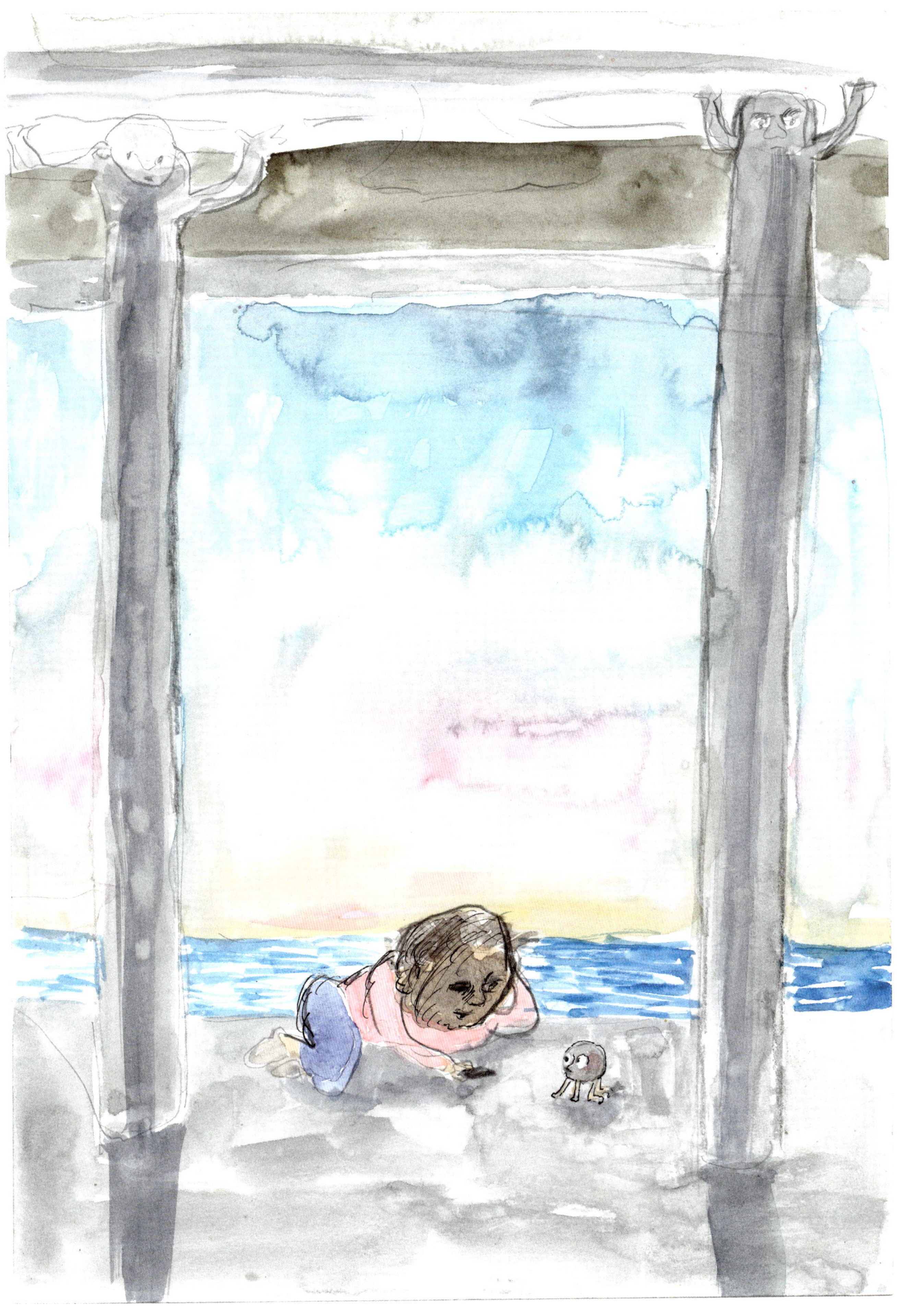

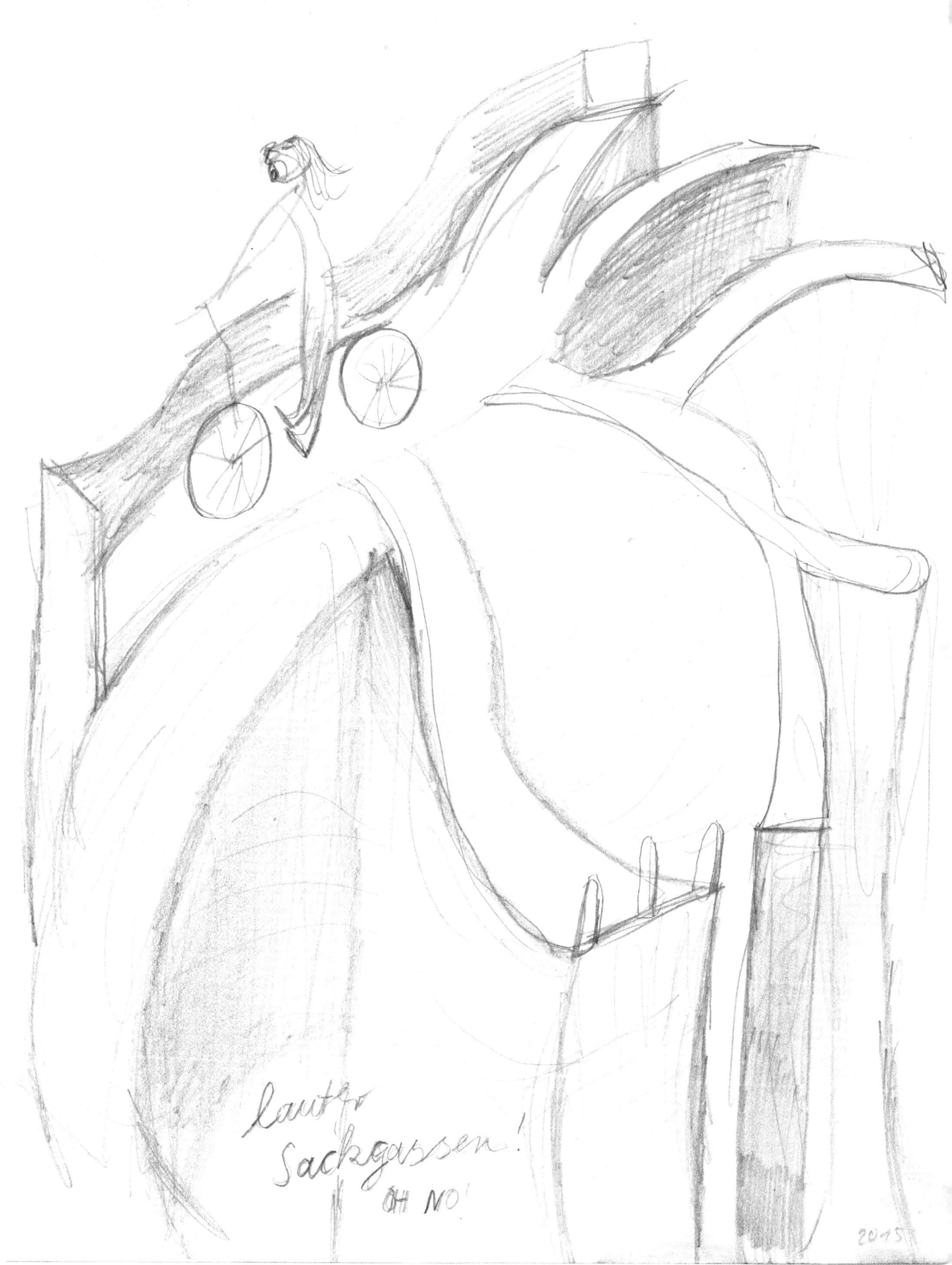
lauter
Sackgassen!
OH NO!
2015

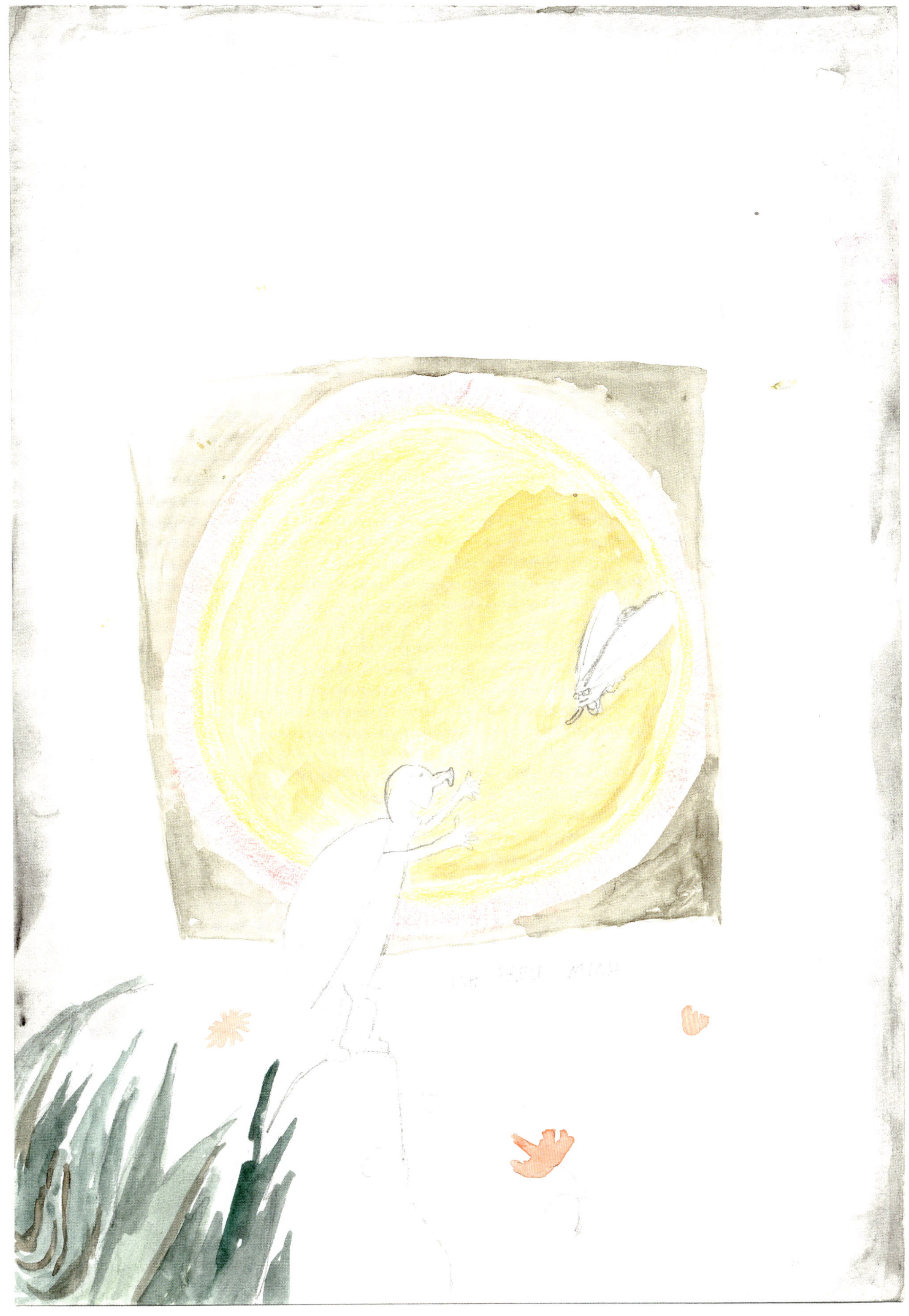

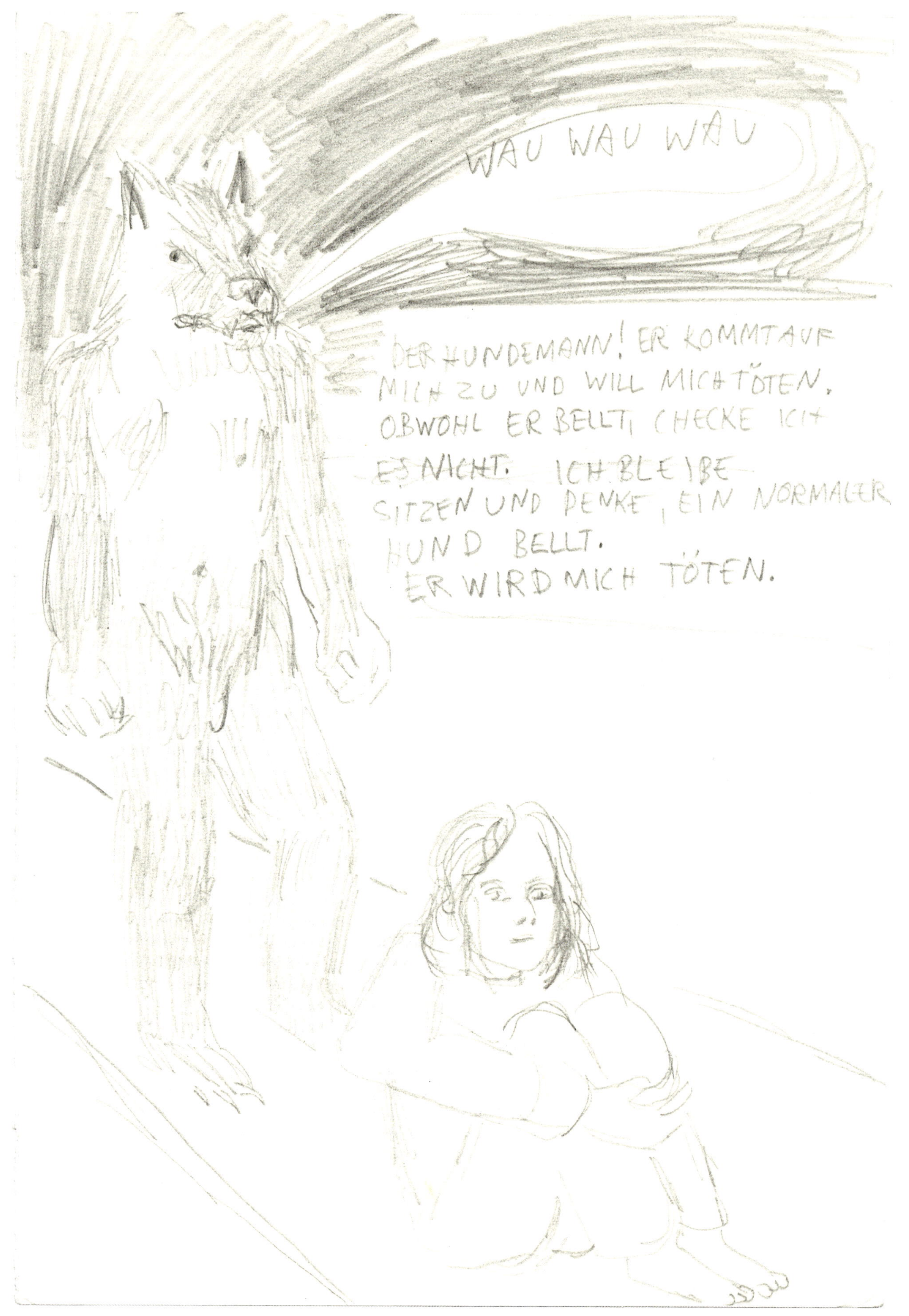
WAU WAU WAU
DER HUNDEMANN! ER KOMMT AUF
MICH ZU UND WILL MICH TÖTEN.
OBWOHL ER BELLT, CHECKE ICH
ES NICHT. ICH BLEIBE
SITZEN UND DENKE, EIN NORMALER
HUND BELLT.
ER WIRD MICH TÖTEN.

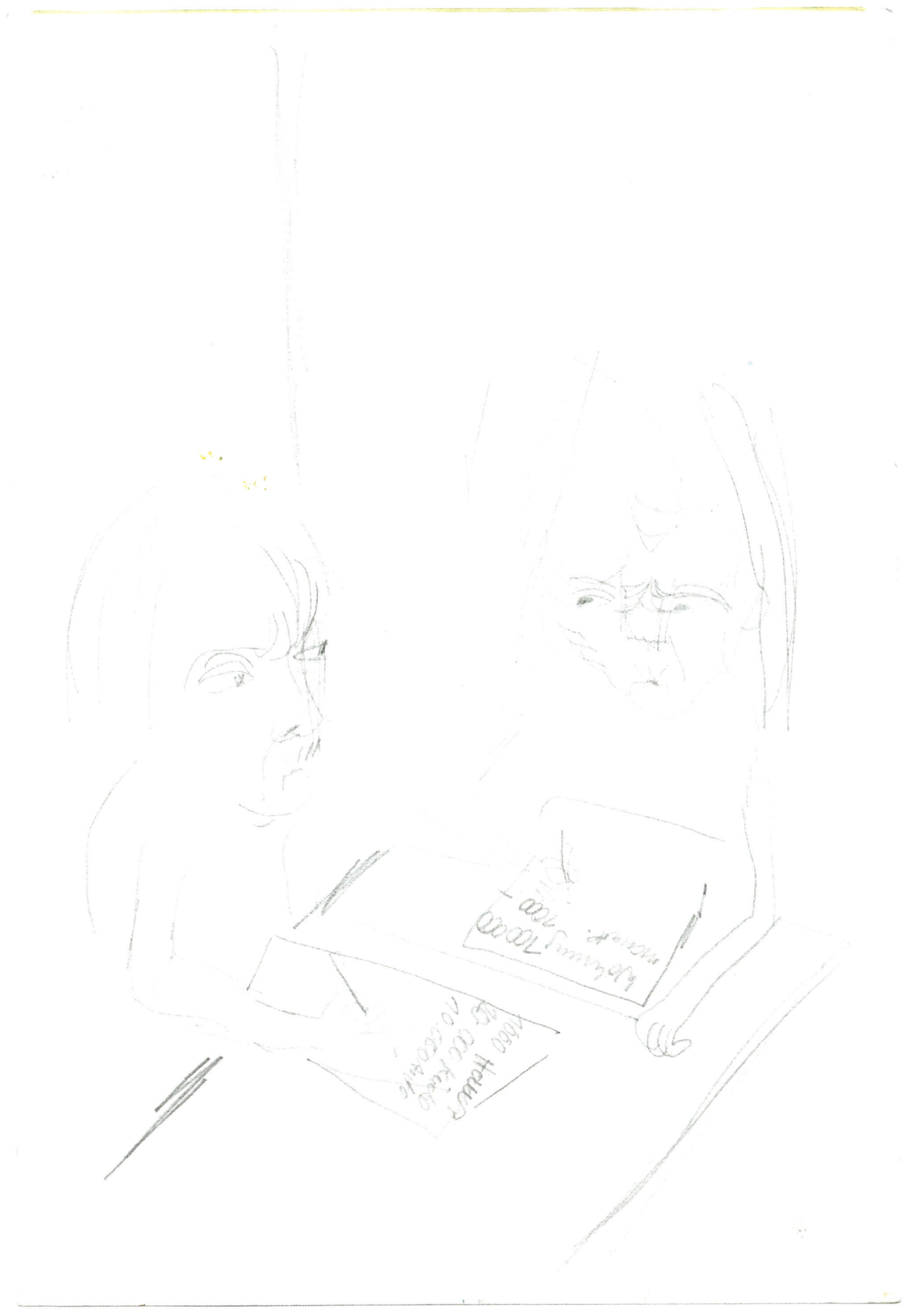

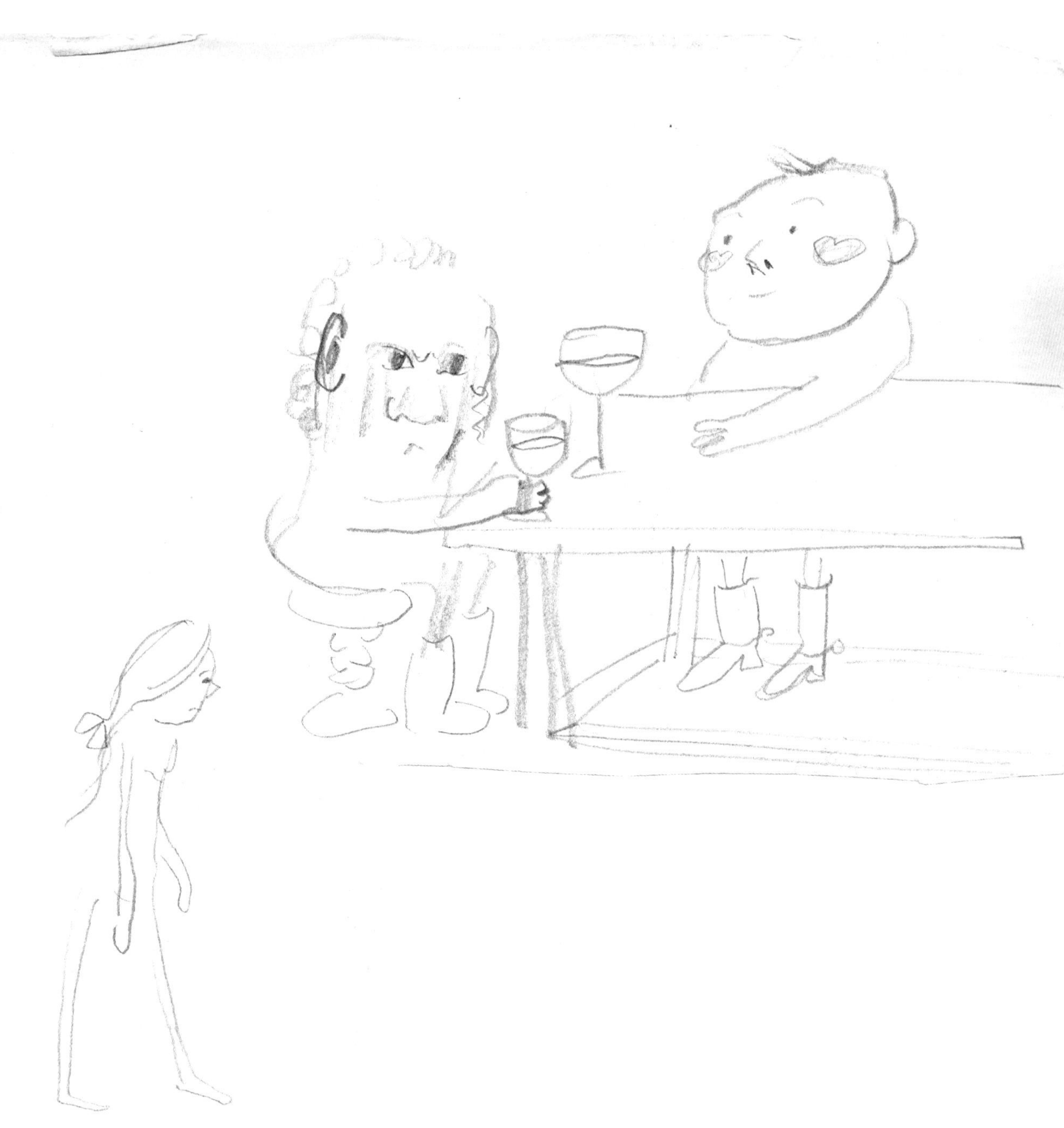

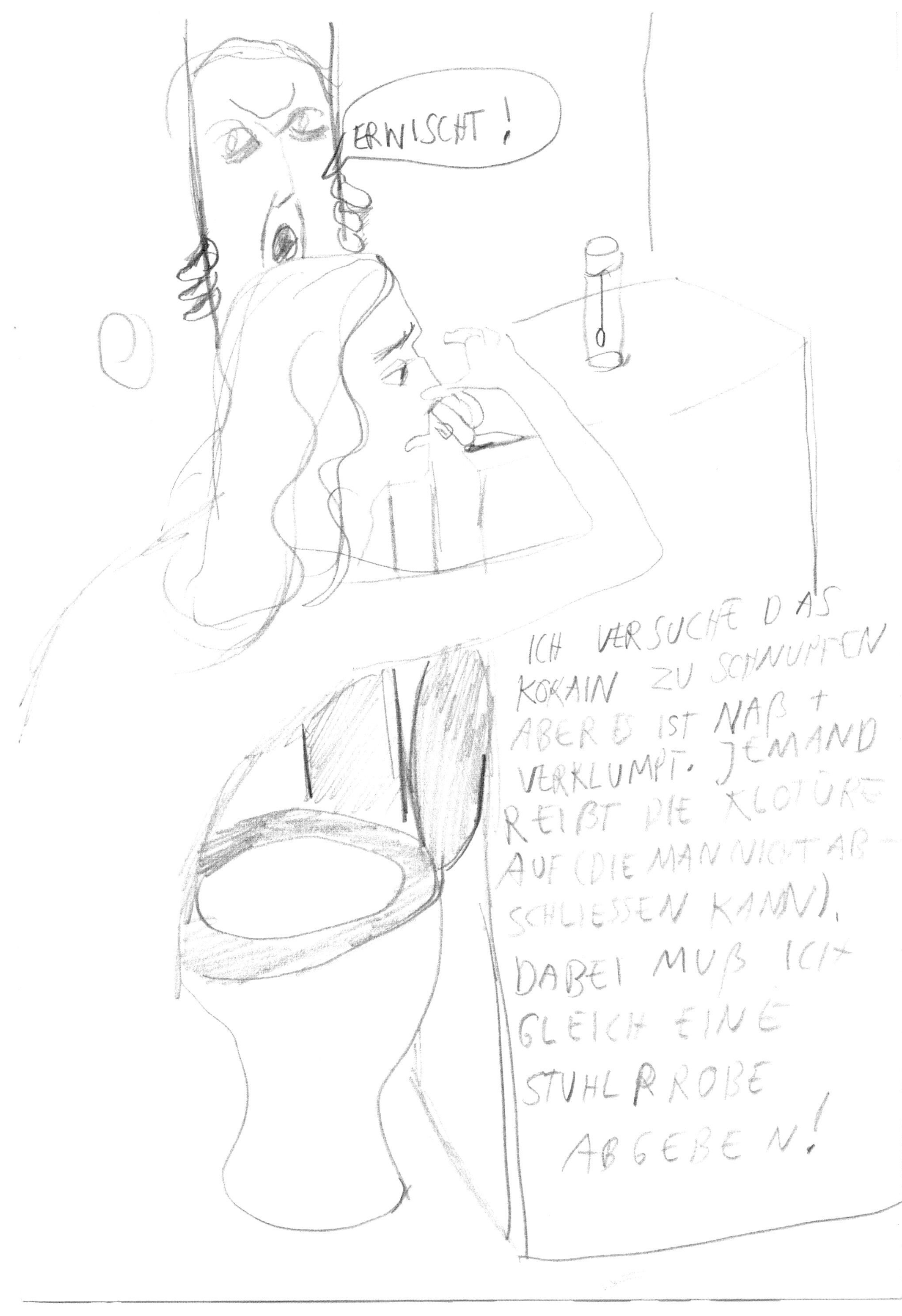
ERWISCHT!
ICH VERSUCHE DAS
KOKAIN ZU SCHNUPFEN
ABER ES IST NAß +
VERKLUMPT. JEMAND
REIßT DIE KLOTÜRE
AUF (DIE MAN NICHT AB-
SCHLIESSEN KANN).
DABEI MUß ICH
GLEICH EINE
STUHLPROBE
ABGEBEN!

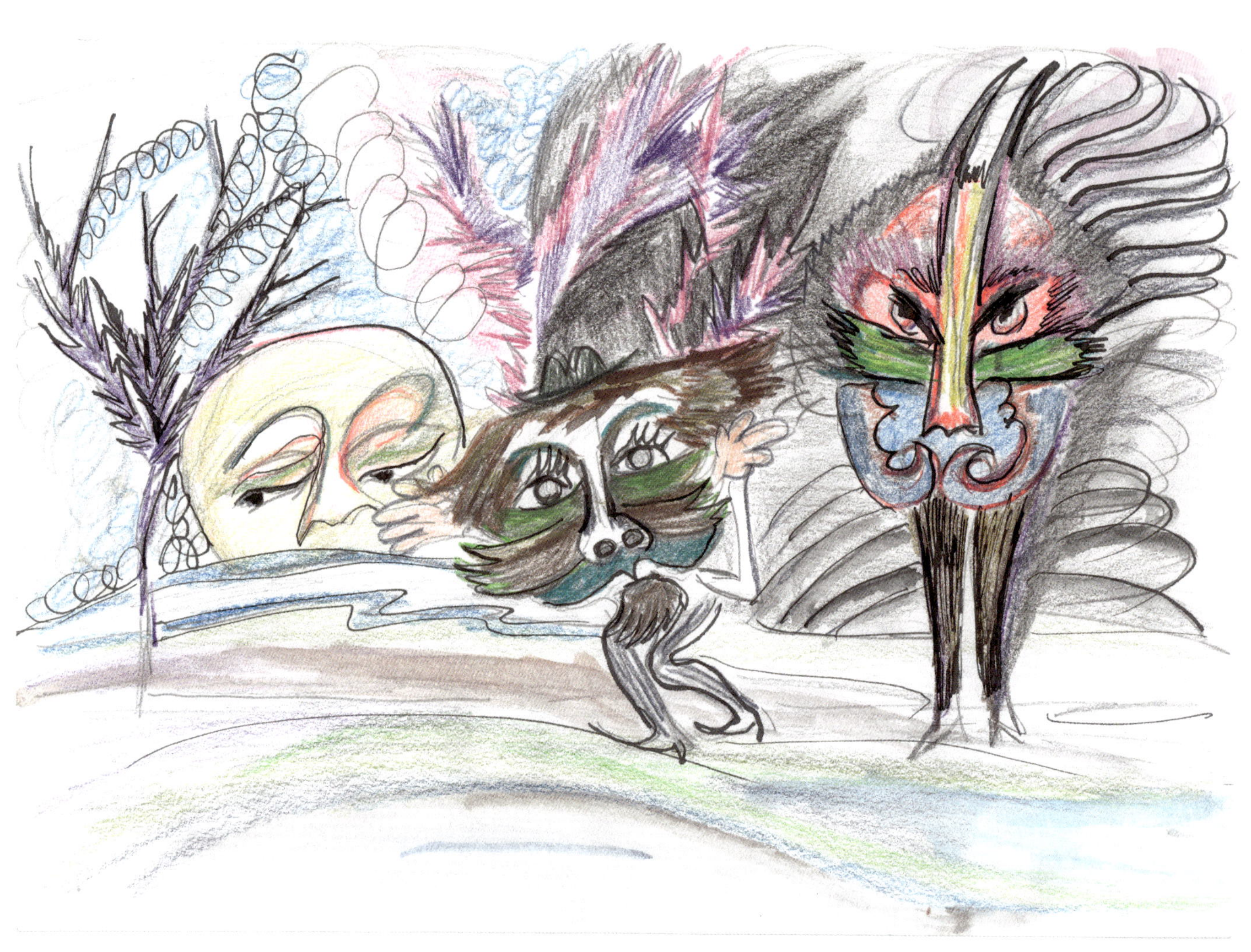

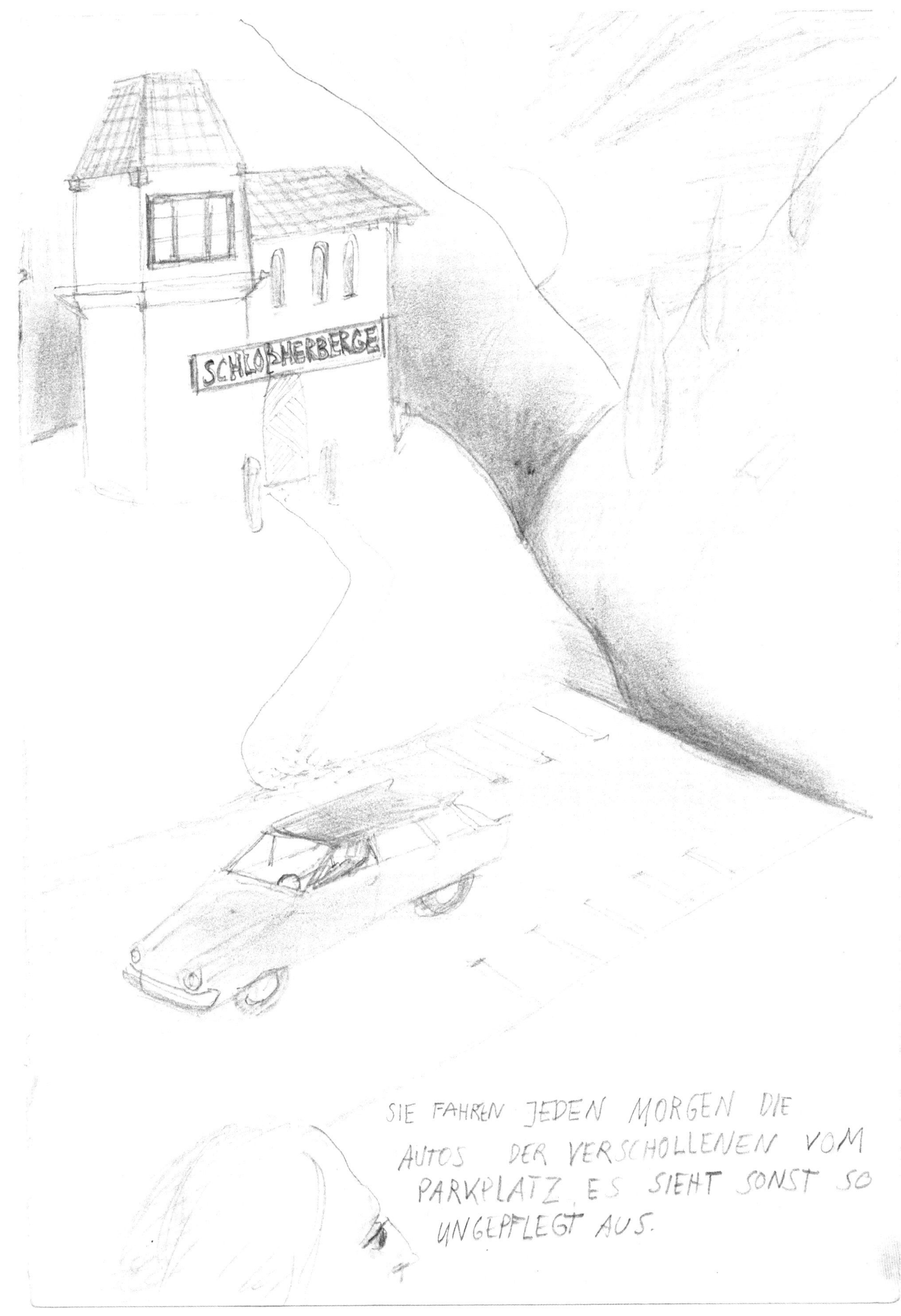
SCHLOßHERBERGE
SIE FAHREN JEDEN MORGEN DIE
AUTOS DER VERSCHOLLENEN VOM
PARKPLATZ. ES SIEHT SONST SO
UNGEPFLEGT AUS.

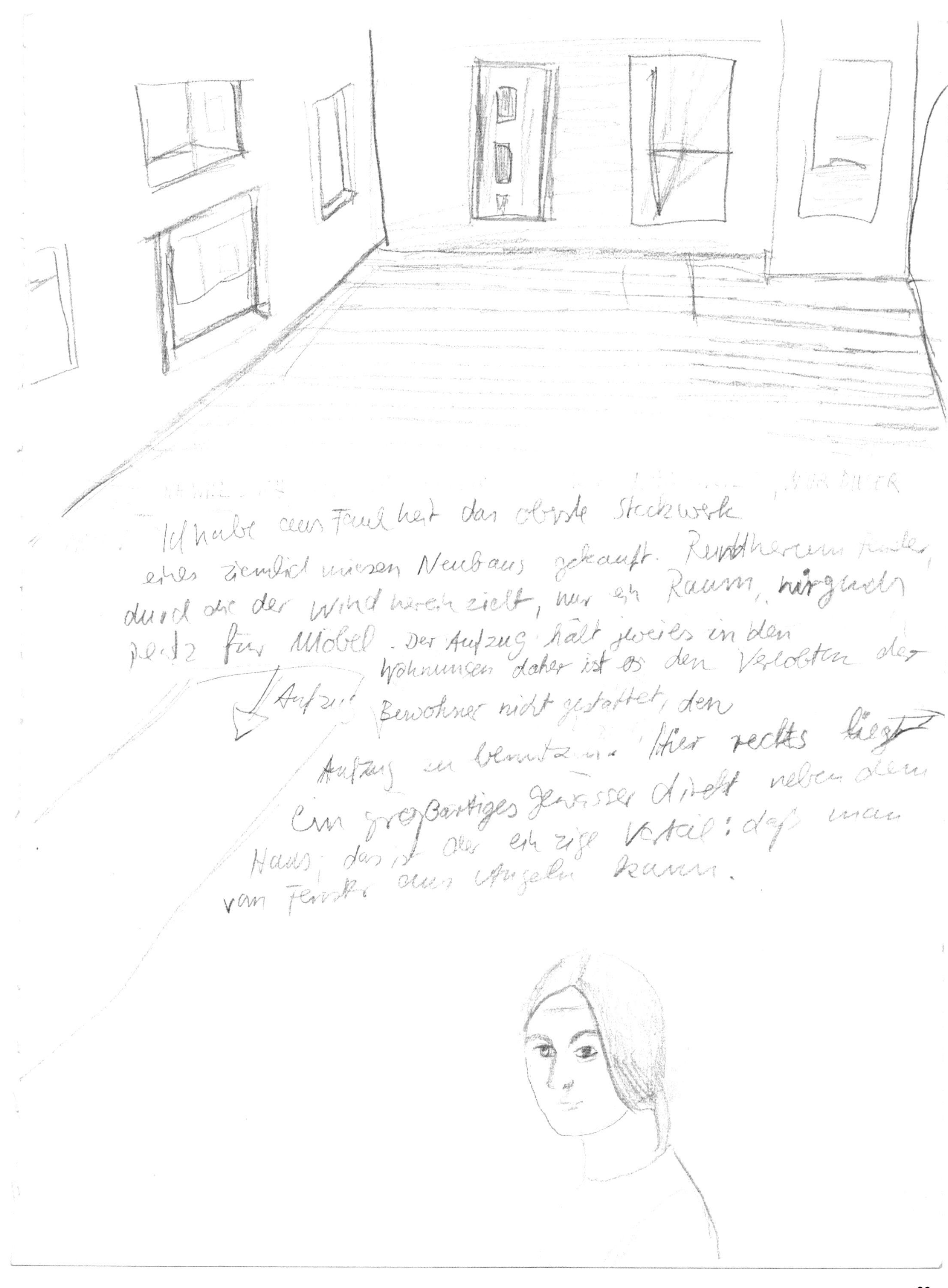
Ich habe aus Faulheit das obrste Stockwerk
eines ziemlich miesen Neubaus gekauft. Rundherum Fenster,
durch die der Wind herein zieht, nur ein Raum, nirgends
Platz für Möbel. Der Aufzug hält jeweils in den
Wohnungen daher ist es den Verlobten der
Aufzug
Bewohner nicht gestattet, den
Hier rechts liegt
Aufzug zu benutzen.
ein großartiges Gewässer direkt neben dem
Haus, das ist der einzige Vorteil: daß man
vom Fenster aus angeln kann.

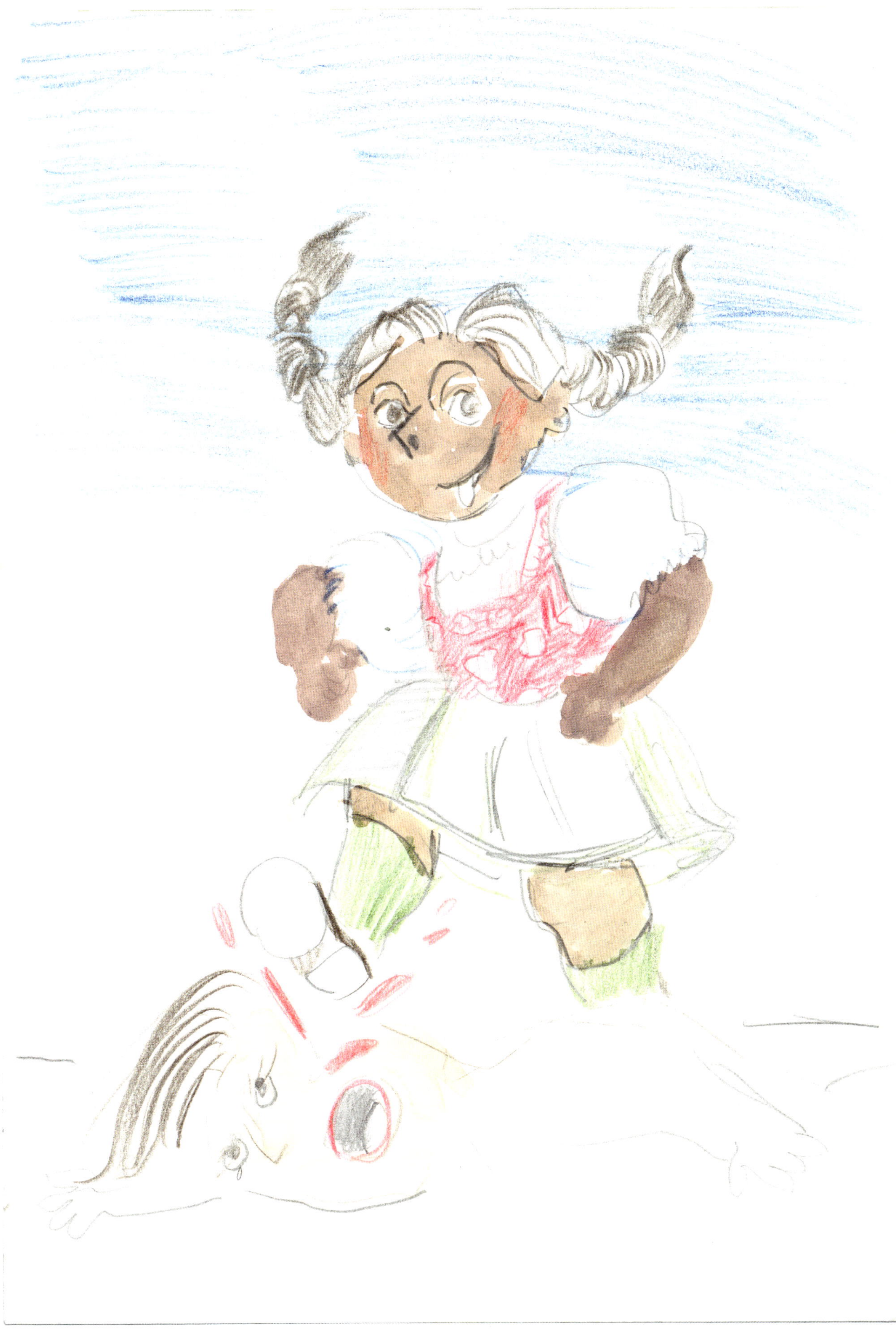

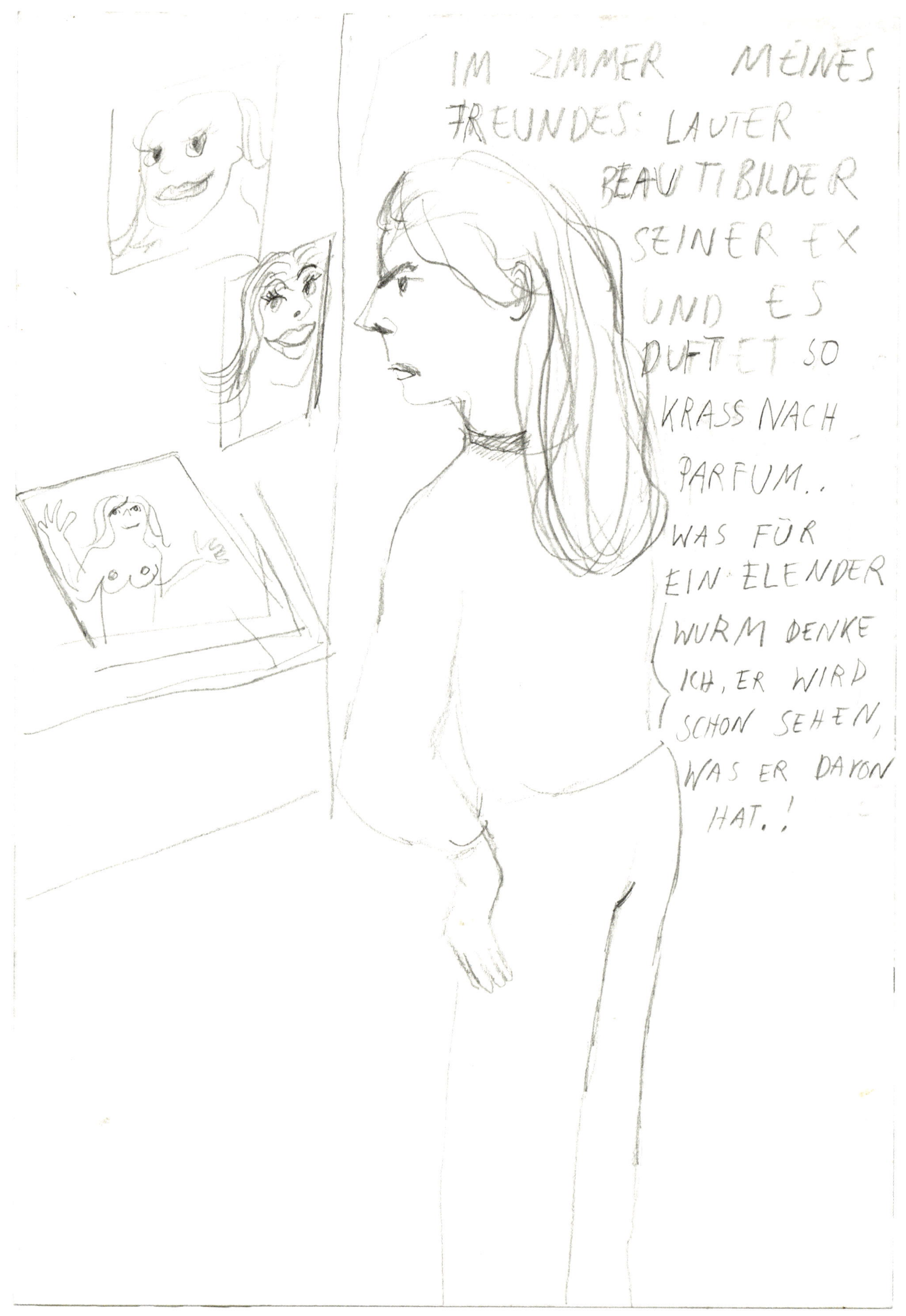
IM ZIMMER MEINES FREUNDES: LAUTER BEAUTIBILDER SEINER EX UND ES DUFTET SO KRASS NACH PARFUM..
WAS FÜR EIN ELENDER WURM DENKE ICH, ER WIRD SCHON SEHEN, WAS ER DAVON HAT.!

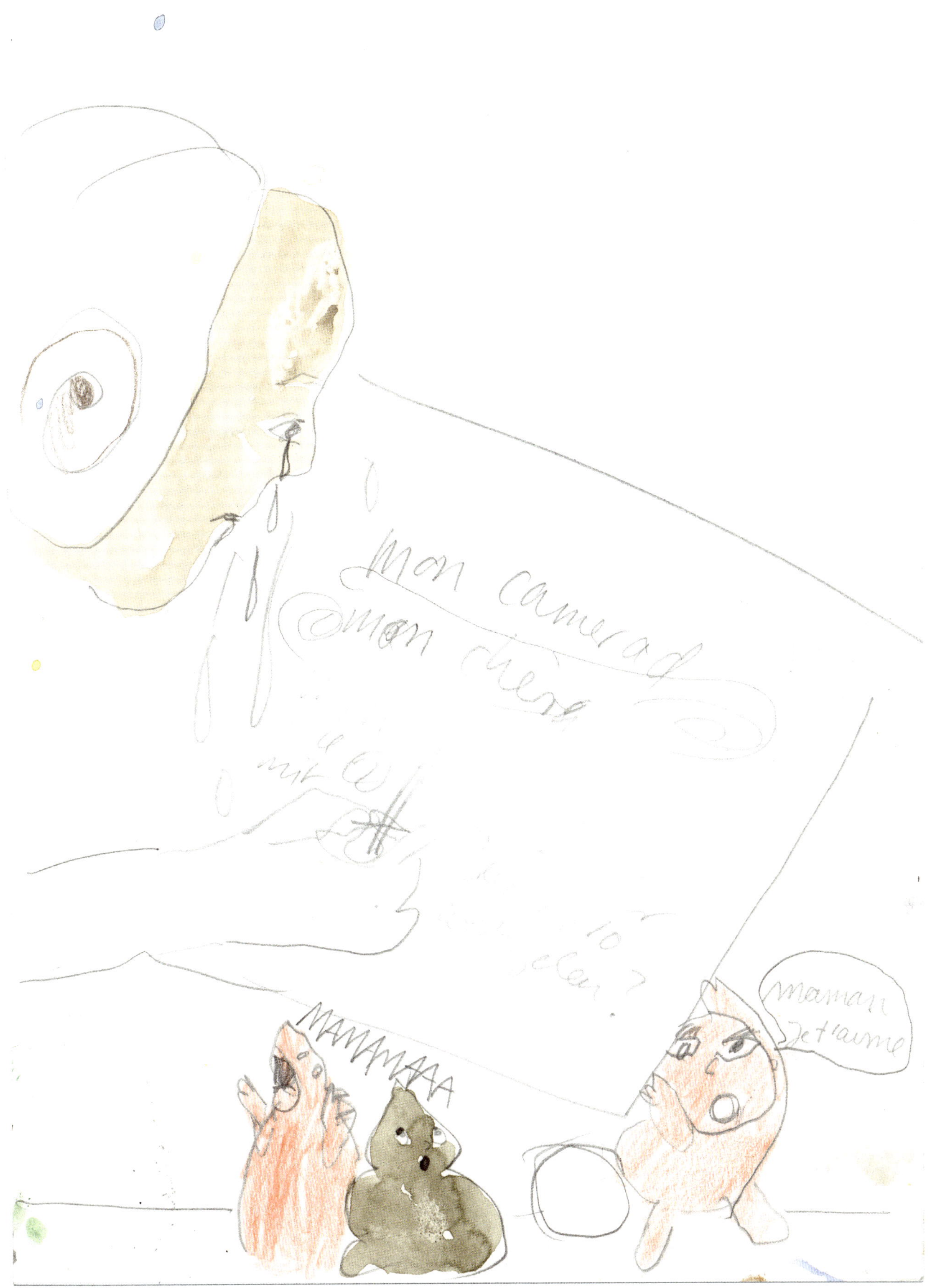
Mon camerad
MAMAMAAA
maman Je t'aime

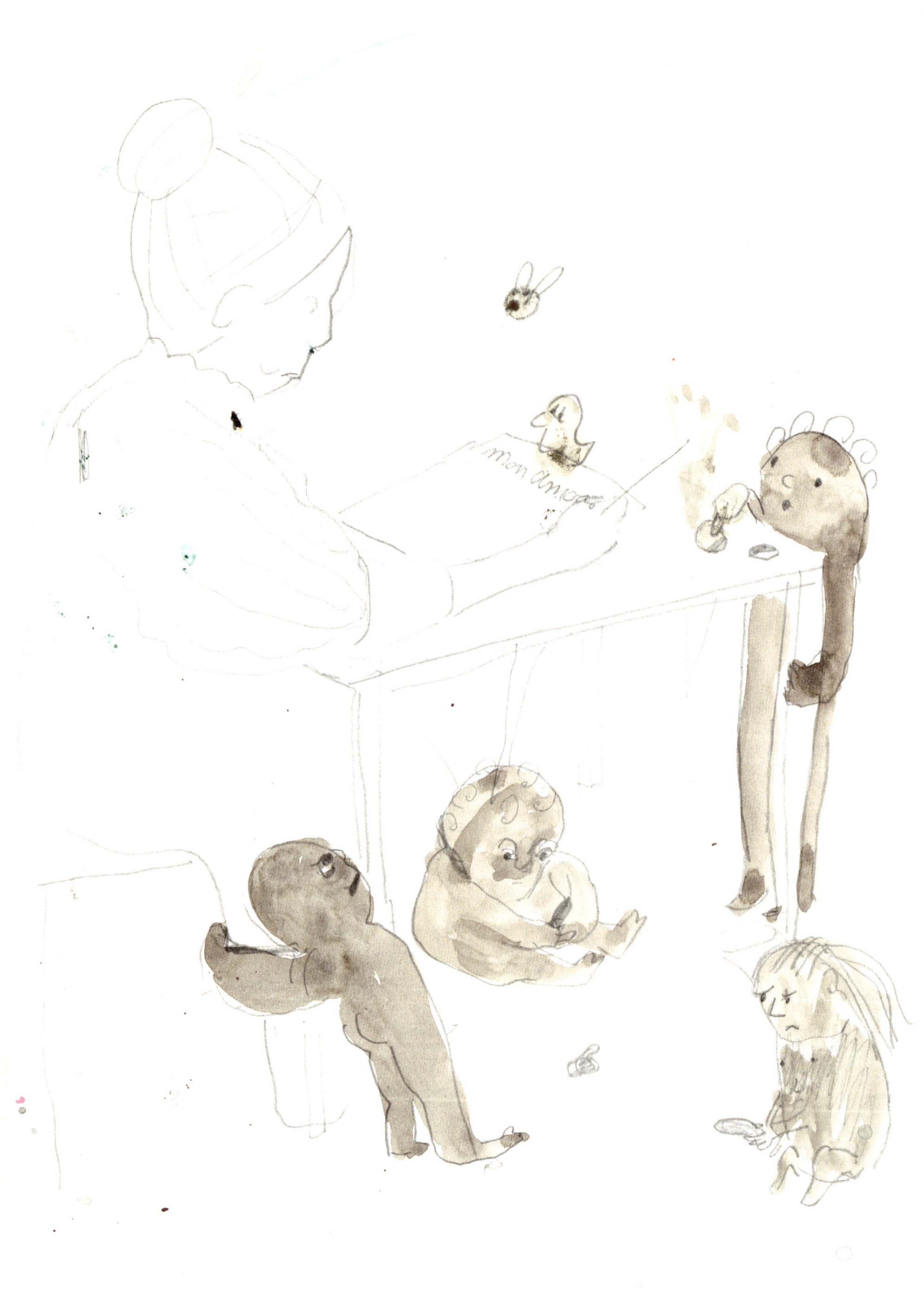

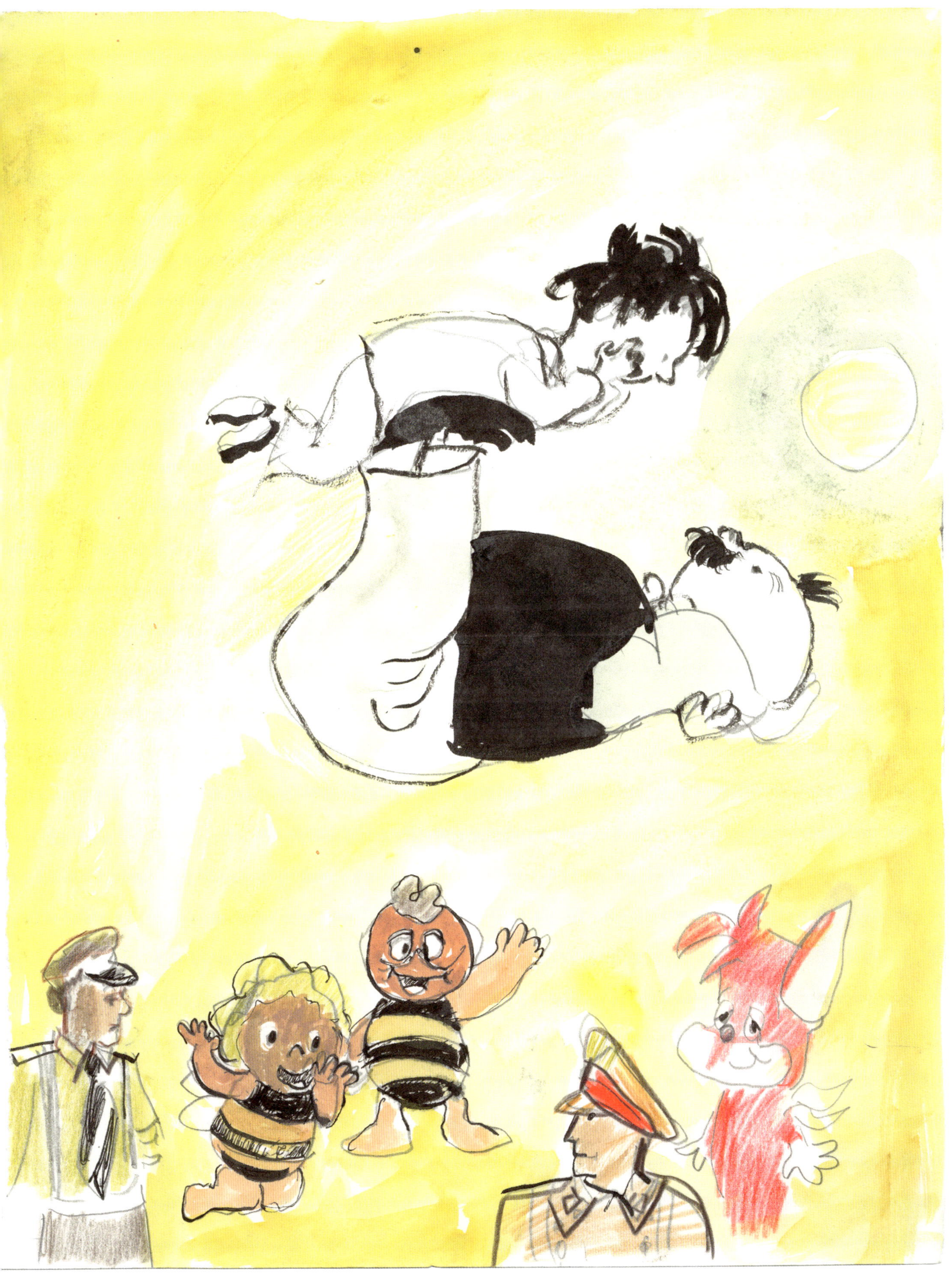

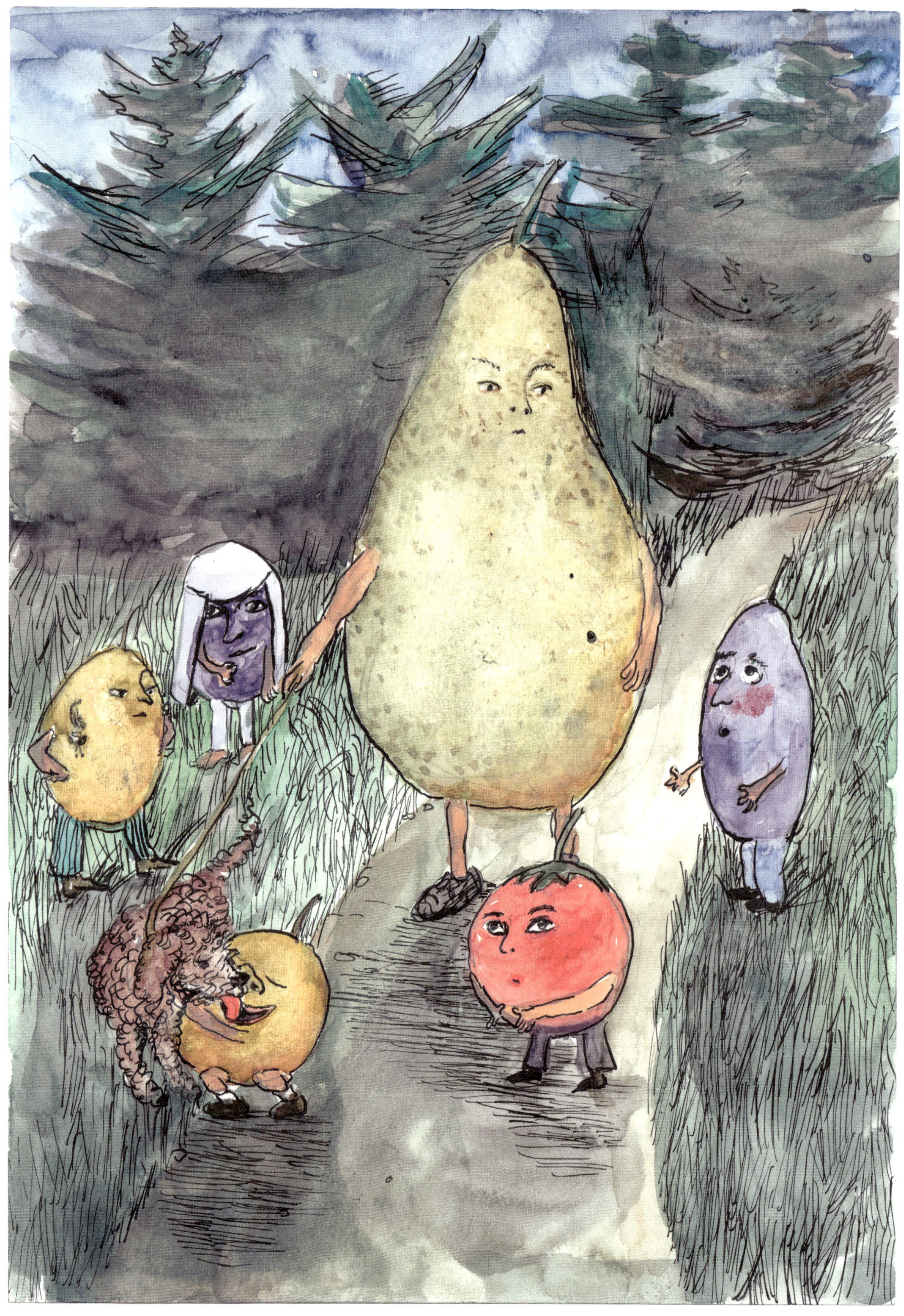

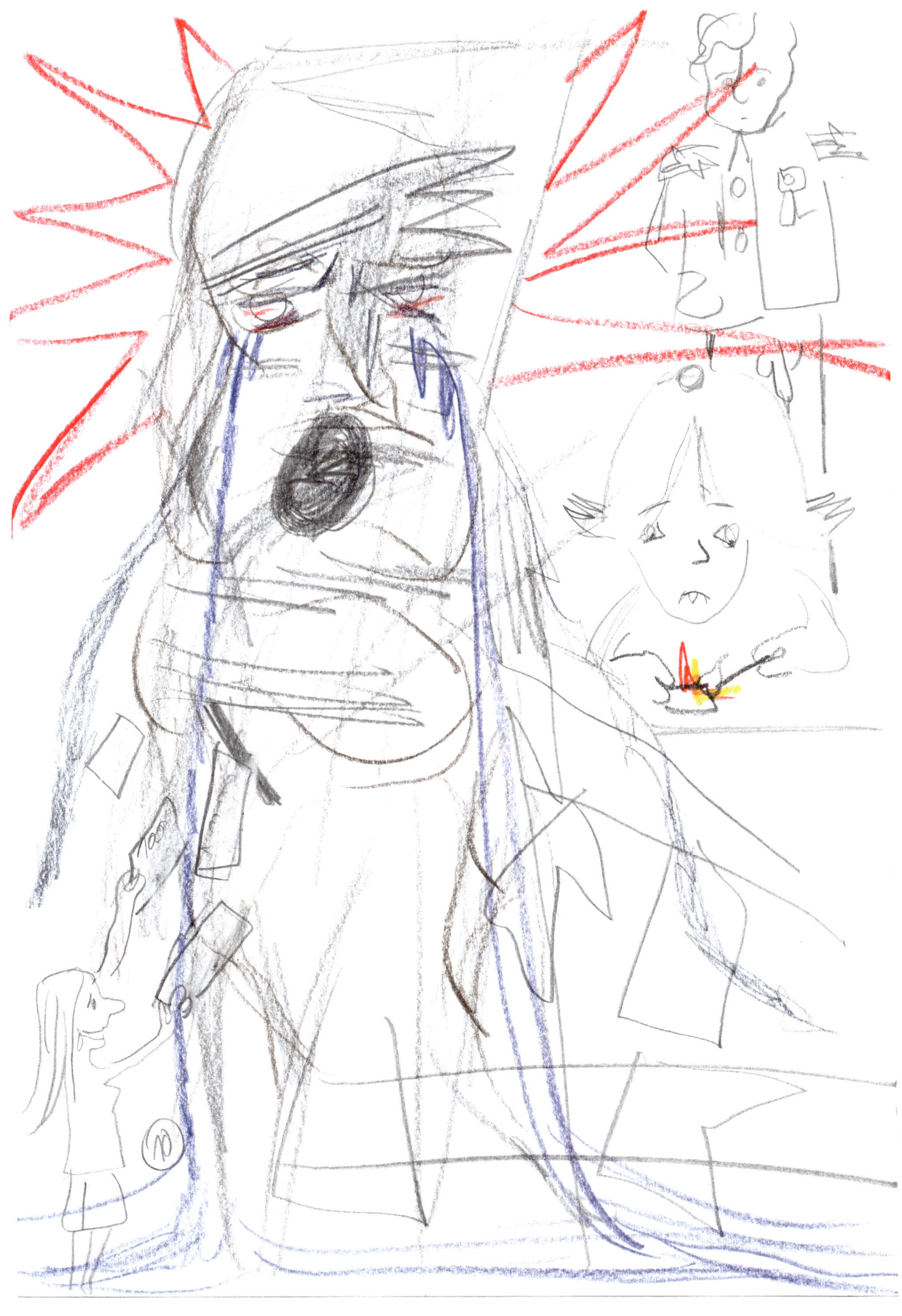

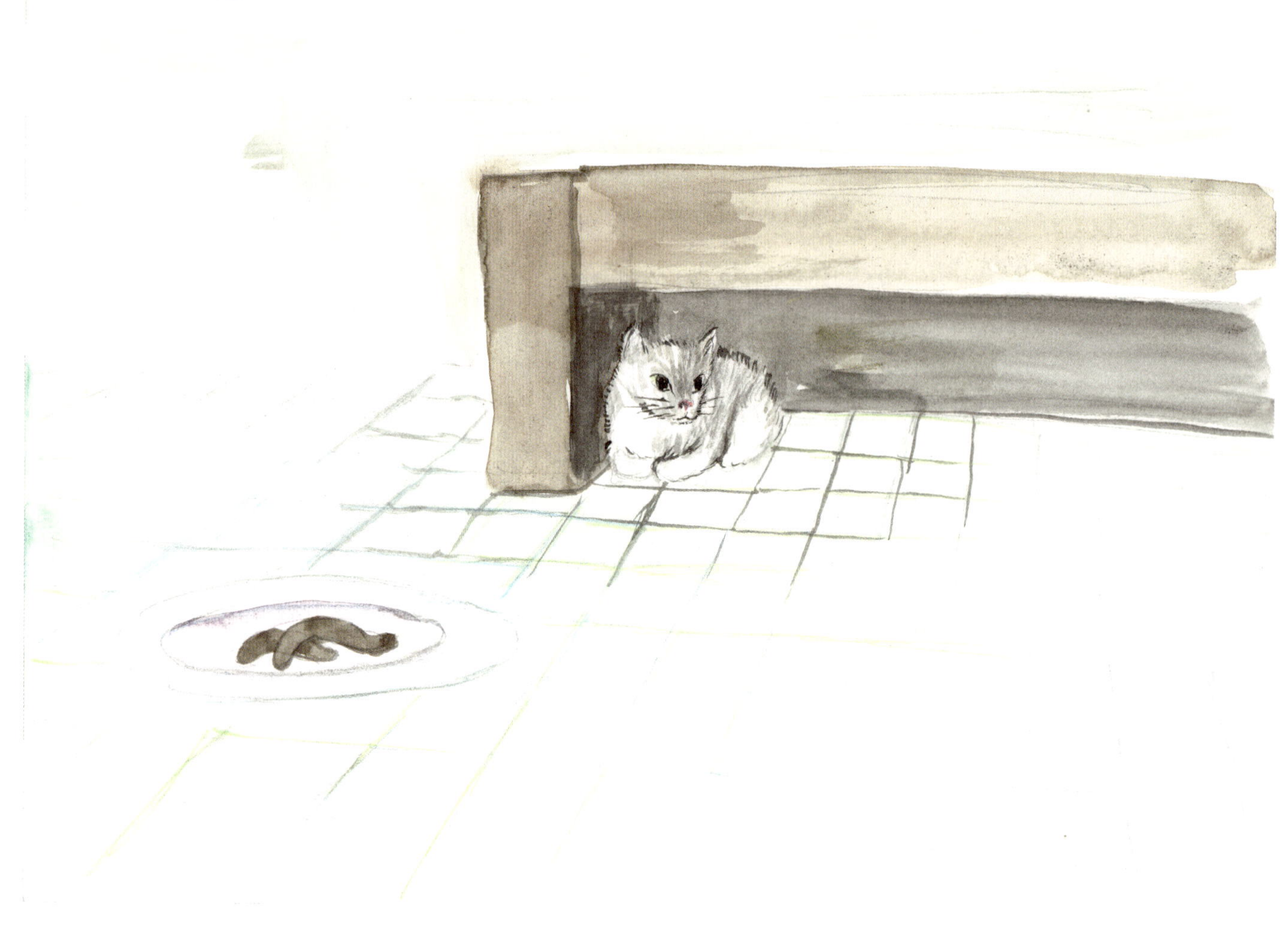

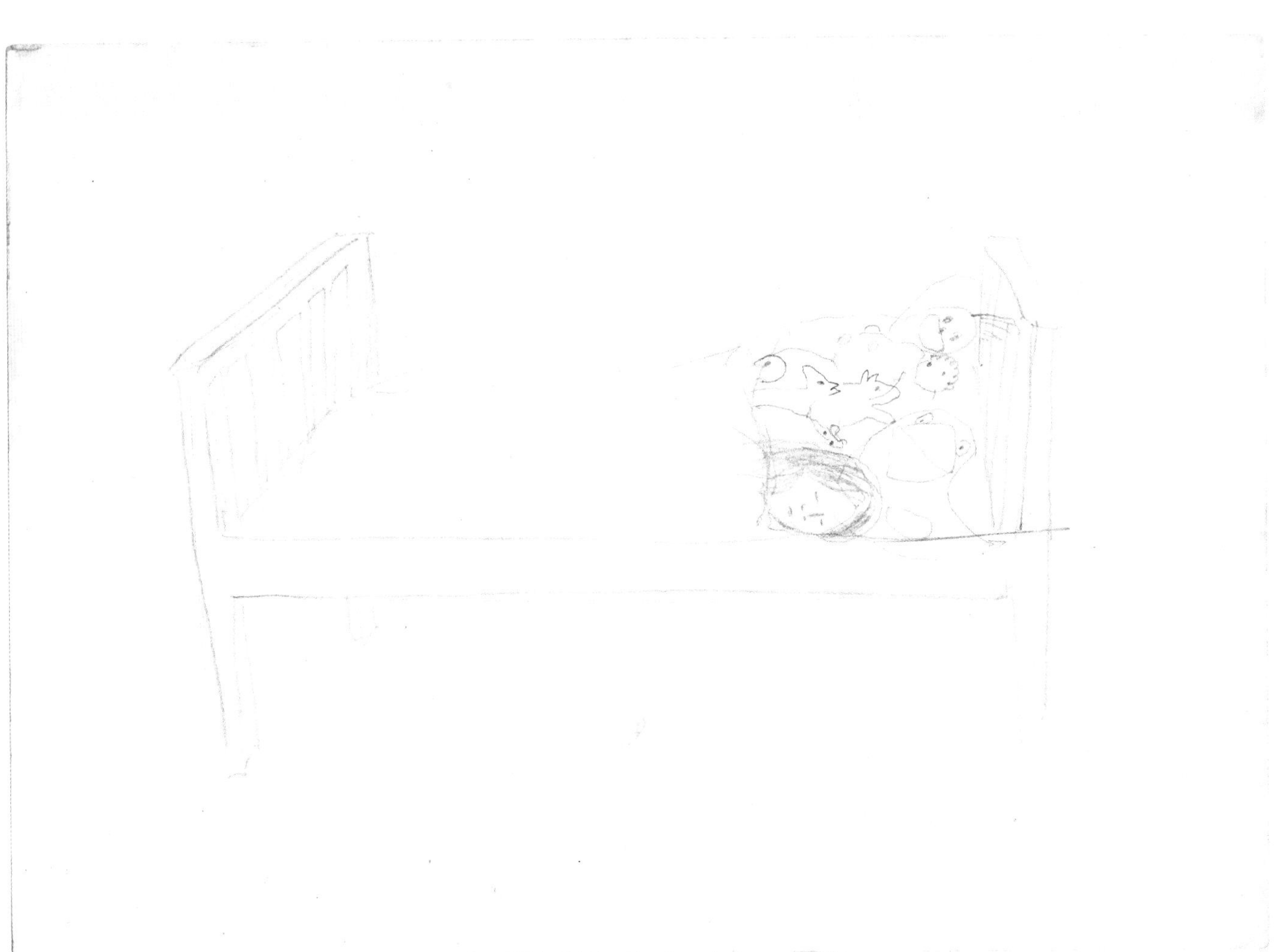

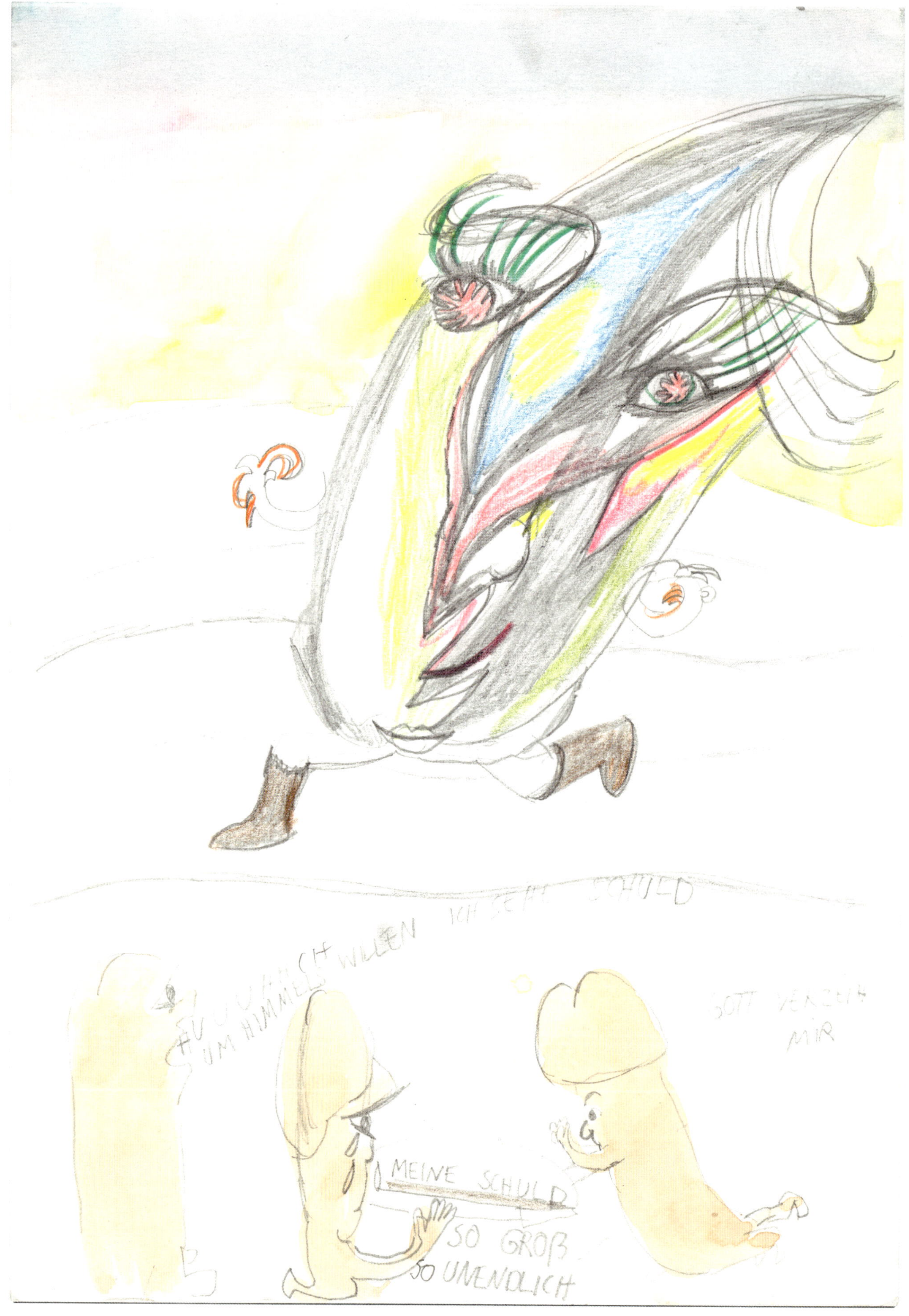
HUUUAACH
UM HIMMELS WILLEN ICH SEHE SCHULD
GOTT VERZEIH MIR
MEINE SCHULD
SO GROß
SO UNENDLICH

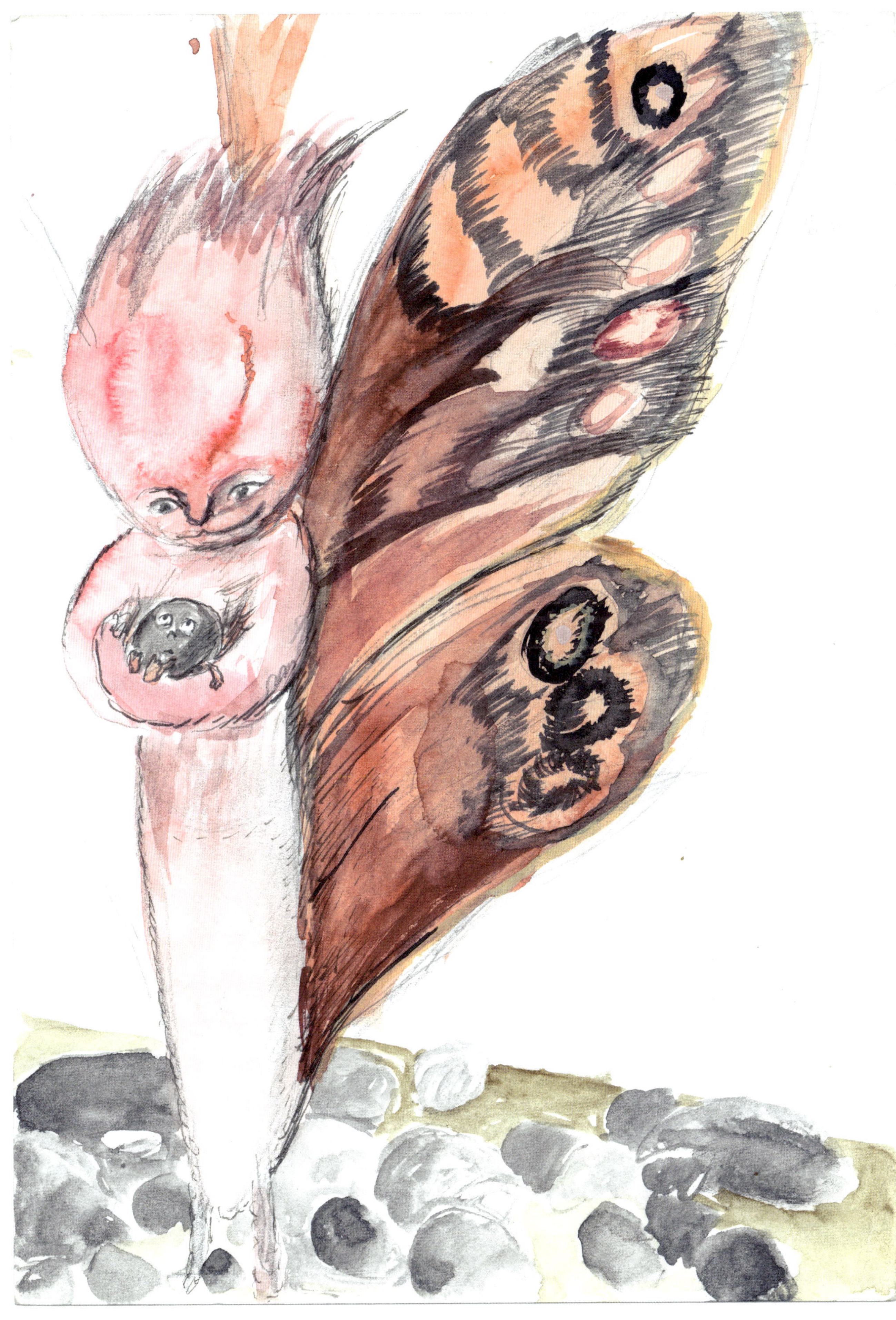

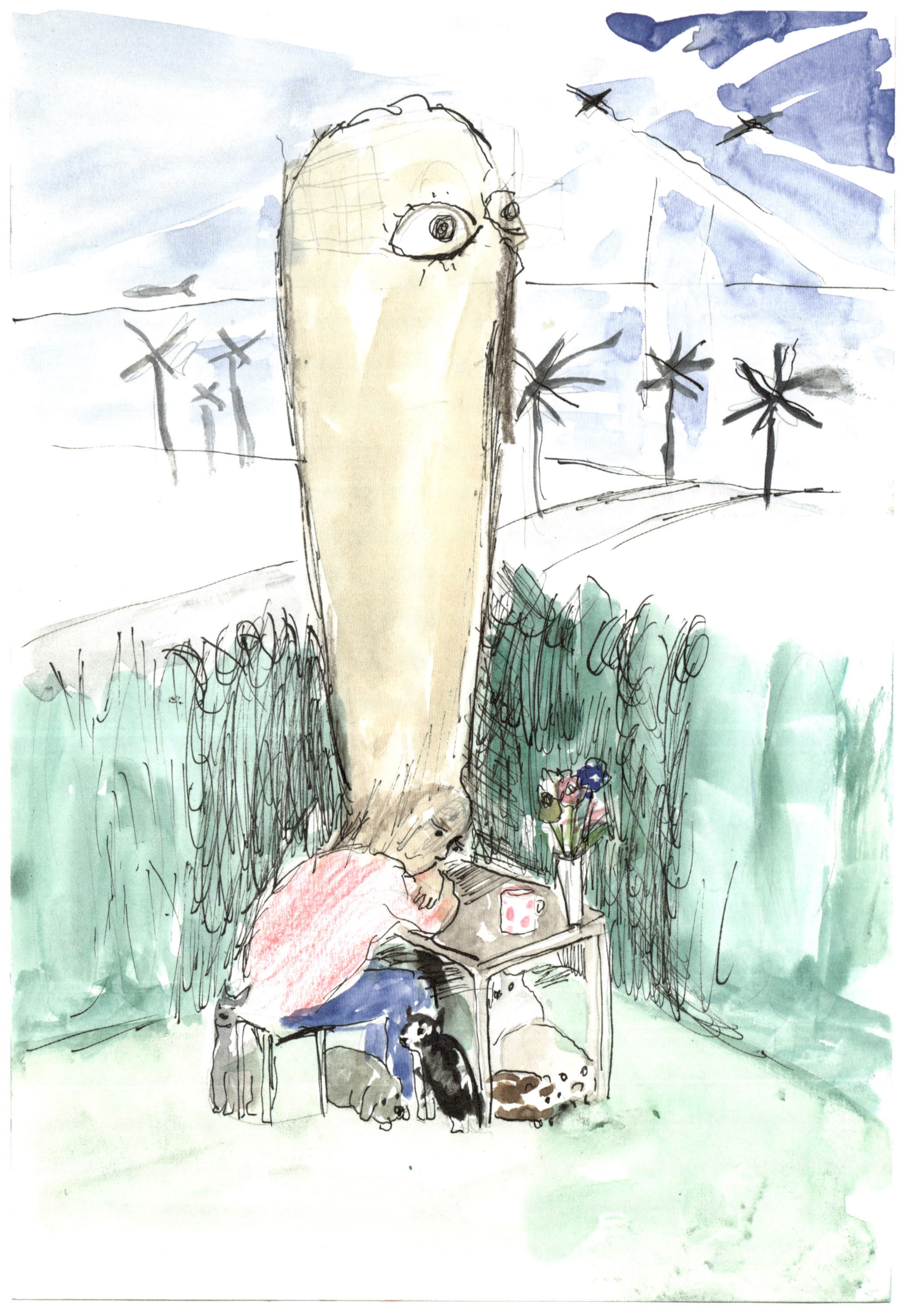

S. 3
Should we cut her pocket money today?
Yes, otherwise she'll become immodest.
Mrs Professor
Please sign an autograph

S. 16
He whom god would favor, he sends out into the wide world

S. 25
These pigs
Impossible

S. 31
Figurines for the neighbors

S. 32
A few months ago, a Greek couple opened a store in my neighborhood. They sell oregano and honey from Greece, homemade soap and shell necklaces. I've never seen anyone shop there, which is pretty sad.

When I was waiting for the tram recently and was once again thinking about the poor Greeks who had absolutely no chance of starting a business,

a man next to me was behaving very strangely – he pretended to be looking at the oregano but he was really looking at me! (I was sure of it)

He moved supply back and forth sideways. I took the precaution of hiding behind the tram timetable.

The man probably had a harmless obsessive-compulsive disorder.

I inconspicuously peeked out from behind the sign and saw him shining a flashlight into a garbage can. OMG – the penny dropped – the man was looking for returnable bottles.

S. 33
I was overcome with extreme pity again. What an idiot I was, I really couldn't believe it.

Pity really didn't help anyone – not the Greeks, not me and certainly not the bashful bottle collector. But of course I couldn't give him money without being asked. I'd better loosen up.

I'd been thinking a lot about life in general recently. About my role as a painting moralizer, which no longer made any sense at all in times like these. Yes, times were tough! So crass that you almost couldn't believe it.

S. 36
Contempt
poison
Whoops

S. 38/39
I was on the train towards the old town, it was already dusk. I looked through the windows and saw the residents practicing their religions by candlelight.
(idea for a novel)

S. 42
Wheeze

S. 43
In the morning:
A wonderful herd of animals roams through my garden. They are all black and white.

S. 44
Hey, happy 50th birthday!

S. 45
Let me put it this way: it doesn't matter.
I agree.
Ouch Ouch, please don't
(Shortly before the execution)

S. 48
Little bee, I'll save you

S. 49
Our Heinerle
2017–2021
Why, oh why does everything have to be like this?

S. 50
Here is your mother, my child, she needs your care now.
What?

S. 52
Nothing but dead ends!
Oh no!

S. 53
I'm happy.

S. 54
Woof Woof Woof
The dog man! He comes up to me and wants to kill me. Although he barks, I don't get it. I sit still and think a normal dog is barking. He's going to kill me.

S. 57
Got you!
I try to snort the cocaine but it's wet + lumpy. Someone tears open the toilet door (which you can't lock). I have to give a stool sample right away!

S. 59
Castle Restaurant
They drive the missing people's cars out of the parking lot every morning. Otherwise it looks unkempt.

S. 60
Out of laziness, I bought the top floor of a pretty lousy new building. Windows all around, through which the wind blows in, only one room, nowhere for furniture. The elevator stops at each apartment, so the residents' fiancés are not allowed to use the elevator. Here on the right is a great body of water right next to the house; that's the only advantage: you can fish from the window.

S. 62
In my boyfriend's room: Lots of beautiful pictures of his ex and the smell of perfume is so strong. What a miserable worm I think, he'll see what he gets out of it!

S. 72
HUUUHHCH
For heaven's sake, it's my fault
My guilt
So immense
So infinite
God forgive me